古人爆料公社。

NEWS

嘻嘻

韓愈吃硫磺？李清照好賭？乾隆最愛 cosplay？

超有事歷史真相大揭秘

古人很潮——編著

古代消息快訊

速度太快跟不上

c o n t e n t s

目 錄

c o n t e n t s

c o n t e n t s

壹

皇家日常

豪車代步？
呵呵，你太沒見識了

還記得幾年前，被阿拉伯國王出訪時動用了五架豪華大型噴氣式客機，帶了四百五十九噸的行李，有數名夫人和一百多名隨從的新聞洗版的情景嗎？大家都在讚嘆阿拉伯國王真是土豪，不過，這陣仗要是跟中國古代的皇帝們出行相比，還真是小巫見大巫了。用兩個字來形容：寒酸。

中國古代皇帝們出行的陣仗，可以用聲勢浩大來形容，現在就翻開史冊，帶大家見識見識，真正的「土豪」外出到底是怎麼樣的。

秦始皇巡遊

秦始皇統一天下後，一共巡遊了五

次，平均每兩年一次。不過由於年代久遠，關於秦始皇巡遊陣仗的記載很少，但是，凡是存在過的，總會留下痕跡。藉由為了秦始皇巡遊而修建的、縱橫全國的私人高速「鐵路」──馳道，我們因此得以窺見秦始皇巡遊的奢華程度。

秦始皇統一天下後，便下令以咸陽為中心，修築通往全國的馳道。據《史記‧秦始皇本紀》記載：

二十七年，始皇巡隴西、北地，出雞頭山，過回中焉。作信宮渭南，已更命信宮為極廟，象天極。自極廟道通酈山，作甘泉前殿。築甬道，自咸陽屬之。是歲，賜爵一級。治馳道。

秦朝一共修築了九條著名的馳道：東方大道、西北大道、秦楚大道、川陝大道、江南新道、北方大道等。這幾條馳道交錯縱橫於秦朝疆域的南北與東西，串聯了秦朝全國的交通。

近年來，在河南南陽的山區中，考古學家驚奇地發現了古代的「鐵路」。軌道用木頭鋪成，形狀與我們現代的鐵路十分相似，以碳十四定年法可以測得，這些路是從兩千兩百多年前的秦朝所遺留下來的。更神奇的是，考

古學家們經過測量後還發現，兩條枕木之間的距離，是按馬所跨出的步伐設計的。在軌道上拉車的馬匹會不由自主地「自激振盪」，而能夠一直奔跑，停不下來。在軌道上行駛的馬車，摩擦力不但大大減小，運輸的重量和速度也都大大提升，效率極高。經過測量和計算，若使用馳道，一天至少可以走六百公里，這可比所謂的「八百里加急」都要快一倍以上。

馳道彷彿是近代才出現的高科技發明，但原來在兩千多年前的秦朝，就已經被發明出來，並且大規模地應用了。

光是巡遊，秦始皇就修建了覆蓋全國的交通網，並使用了穿越千年的高科技。換成現代的說法就是：某土豪為了環遊全國，修建了覆蓋全國的好幾條高鐵。阿拉伯國王的五架飛機和四百五十九噸行李，又怎麼能和這樣的規格比呢？

隋煬帝巡遊

看完陸路的秦始皇巡遊，接下來，我們來見識見識水路的隋煬帝巡遊。

史書上記載，隋煬帝為了方便南下巡遊，徵發百萬民夫，下令開鑿連接中國南北的「大運河」。光有水路還不行，還得有船，於是隋煬帝不久後又下令：「遣黃門侍郎王弘、上儀同於士澄往江南採木，造龍舟、鳳䚙、黃龍、赤艦、樓船等數萬艘。」（出自《隋書》卷三《煬帝上》）

五個月後，「大運河」全線貫通，數萬艘船隻也修建完成。這樣龐大的工作量能在五個月內完成，以當時的生產力而言，可說是十分驚人了。

不僅如此，在這短短的五個月中，隋煬帝還命人沿途修建「五星級私人度假飯店」──「自長安至江都，置離宮四十餘所」（出自《資治通鑑‧隋煬帝大業元年》第一百八十卷），方便自己和隨行人員的沿途住宿。

再說回隋煬帝乘坐的龍舟，它可不是我們平常端午節看賽龍舟時，那種纖細修長的小船，而幾乎可稱得上是一座水上宮殿、巨型遊輪。《大業雜記》中記載：

龍舟高四十五尺，闊五十尺，長

二百尺。共四重。上一重有正殿、內殿、東西朝堂，周以軒廊；中二重有一百六十房，皆飾以丹粉，裝以金碧、珠翠、雕鏤奇麗，綴以流蘇、羽葆、朱絲網絡；下一重，長秋內侍及乘舟水手，以青絲大條繩六條，兩岸引進。

而隋煬帝萬艘航船的巡遊盛景，則被當時的人這樣描述：「舳艫相接二百餘里，照耀川陸，騎兵翊兩岸而行，旌旗蔽野。」單單牽引一條龍舟的縴夫，就有一千零八十人，分成三番，每番三百六十人，由此可以推測服務整個船隊的縴夫共有多少人。而護衛兩岸的士兵共計二、三十萬人，整個隊伍就像滾滾洪流般，奔流在運河兩岸。

這麼龐大的隊伍，後勤資源該從何處提供呢？答案是途經地區的人民。隋煬帝下令「所過州縣，五百里內皆令獻食，多者一州至百轝，極水陸珍奇」。面對龐大隊伍的巨大消耗，沿途的各地人民由於無法承擔，因此紛紛逃離家鄉，居無定所。

這樣規模龐大的船隊，在中國歷史上可說是「前無古人，後無來者」，就連鄭和下西洋和乾隆下江南的船隊，都無法企及這樣的規模。甚至可以說，這趟水上巡遊的規模，在世界史上也是空前絕後的。

雖然秦始皇巡遊和隋煬帝巡遊由於

來看看前輩們巡遊。

《乾隆皇帝大閱圖》局部

宮外的空氣真好！

《康熙南巡圖》局部

時間久遠，無法還原當時的景象，只能藉由文獻記載的隻字片語中，想像當時的情景，不過不用太遺憾，後世還有些皇帝出行的情景保留在了古畫中，為我們直觀地呈現了皇帝外出時的盛況。

《出警入蹕圖》由《出警圖》和《入蹕圖》兩幅長卷所構成，描繪了明神宗在侍衛的護送下，到十三陵「掃墓」，之後又返回宮中的情景。雖然只是短短一趟外出，按距離和規模來說，只能算是「郊遊」，但是這幅畫聲勢磅礴、衛儀陣容盛大、浩浩蕩蕩，完整地呈現了一次皇帝出行的情景。

《南巡圖》記錄的則是康熙和乾隆在位期間，康熙第二次南巡和乾隆第一次南巡時的部分情景。整個場面規模宏大，形形色色的人物逾萬，形態各異的牛馬牲畜過千，山川地勢、城池車船、各行各業……林林總總，全景式地展現了皇帝巡遊的情景，也十分值得一看。

作為一國之主的皇帝，全國最大的「土豪」，出行的聲勢肯定十分浩大。不過，正如魏征對唐太宗李世民所言：「臣又聞古語云：『君，舟也；人，水也。水能載舟，亦能覆舟。』陛下以為可畏，誠如聖旨。」皇帝如果濫用民力，瘋狂「炫富」，國家遲早會迅速滅亡。

冤枉啊

朕下江南才不是吃喝玩樂

皇帝南巡就是在皇宮待久了，悶得慌，想要下江南吃喝玩樂。如果你是這樣想的，那你真是 too young too simple。日理萬機，站在至尊之位、心思深沉的皇帝，好不容易出趟遠門，費時費力，怎麼可能僅僅是吃吃喝喝、散散心，單純為了旅遊那麼簡單？皇帝的南巡都是意味深長，有目的、有意圖的。

皇帝南巡到底隱藏著哪些秘密？翻開史書，讓我們一起從中尋找線索。

歷史上有三次比較著名的南巡 ——隋煬帝南巡、康熙南巡、乾隆南巡。

隋煬帝南巡

傳說，隋煬帝只是單純地為了到江都看瓊花而大興土木，修建了連通南北的大運河，還打造了萬艘遊船。之後又動用了幾十萬軍隊和民夫，浩浩蕩蕩地到江南四處遊玩。

事實真相也許並不是如此，隋煬帝發佈的「巡曆淮海」詔書中這樣說：

聽采輿頌，謀及庶民，故能審政刑之得失。是知昧旦思治，欲使幽枉必達，彝倫有章。而牧宰任稱朝委，苟為徼幸，以求考課，虛立殿最，不存治實，綱紀於是弗理，冤屈所以莫申，關河重阻，無由自達，朕故建立東京，躬親存問。今將巡曆淮海，觀省風俗，

Enjoy your life!

眷求讜言。（出自《隋書》卷三《煬帝上》）

這份詔書表明，隋煬帝此次南巡的目的，其實似乎是為了體察民情、聽取輿論、為民做主的。

隋煬帝一到江都，帶來的第一件禮物，就是免除了江淮以南許多地區幾年的租賦。第二件禮物，是用盛大的禮儀迎娶了前朝的公主為妃子，重用前朝的臣子，而沒有大肆殺戮。第三件禮物，是用隆重的儀仗，向江南地區的人民顯示朝廷的威嚴和強大，這也是隋煬帝大費周章地準備這次南巡的理由。

原來，隋煬帝如此重視這次南巡，是有深刻的政治意圖的，他希望能籠絡人心，加強南北團結，維護國家統一。不過，凡事欲速則不達，隋煬帝急切地想成就一番大事業，急於求成，濫用民力，最終陰溝裡翻船，被自己的表弟——李淵取而代之，隋朝修建的「大運河」、開創的「科舉制」等，皆為李唐王朝的興盛做了嫁衣。

康熙南巡

康熙曾六次南巡，路線也基本固定，而江南是其必經之地。至於康熙多次

南巡的目的，他自己在《南巡詩序》中寫道，他南巡主要的目的有三個：一是巡視黃河，籌畫黃河水利工程；二是巡查，監督江南的官員，體察民情，安撫民心；三是遊歷天下，欣賞大好河山，也就是在皇宮裡待久了，嚮往遠方的詩和田野了。

清初，由於長期戰亂，黃河河道年久失修，河患頻繁，不僅嚴重影響了沿岸居民的生產生活，還威脅到了聯繫南北物資調運的漕運安全。

忙裡偷閒

康熙親政之初，就將「三藩及河務、漕運為三大事，書宮中柱上」。因此，康熙南巡除了遊玩，最重要的目的，就是要治理黃河，加強對江南地區的統治。

在康熙南巡期間，他一次次來到黃河沿岸，檢查治理黃河的工程進展，與相關大臣討論治理方案和策略。在康熙的不懈努力之下，黃河得到了較有效的治理，河患也得以控制。

康熙是一個十分注重節儉和實作的好皇帝，他把南巡當作政務考察，每次南巡都很低調。「便道至浙江觀風問俗，簡約儀衛，鹵薄不設，扈從者僅三百餘人」，而且一路上「皆設營幄，不禦屋廬」，輕車簡從，從來都不鋪張。這種簡約的作風，可能也就是後來「微服私訪」傳說的由來。

康熙第三次南巡時，太湖一帶的百姓告御狀，說他們的田地家園被水淹沒了，還要被迫上交稅糧。

康熙便問當地的守備：「目前太湖的面積有多少？」

守備回答：「八百里。」

康熙頓時覺得很奇怪：「哪尼？志書上記載的明明是五百里。」

守備心中頓時湧出了無上崇敬之情，皇上果然是學霸。他答道：「本來是五百里，但是由於多年風浪的沖刷，堤岸倒塌，就成了八百里了。」

康熙點了點頭，感慨地說：「世界這麼大，如果我不出來看看，真不知道百姓的疾苦。傳我的命令，讓當地官員查辦此事，免去多收的稅糧。」

這麼聖明的君主自然受到很多百姓的愛戴。有一次康熙到了揚州一帶，男女老幼夾道歡迎，那陣仗可比頂級明星粉絲接機的陣容要大多了。

大家都想一睹皇帝的風采，爬樹的爬樹，登高的登高，有的摔倒，有的甚至被擠到了水裡，差點釀成嚴重的踩踏事故。於是，親民的康熙呼籲百姓們「止於夾道跪迎，毋得紊亂追趨，致有諸患」。他還命令隨行人員，詢問百姓地方的利弊，讓大家暢所欲言。

康熙南巡不僅治理黃河、體察民情，還賑災恤荒、考察官員……為維護社會秩序和國家統一，做出了不可磨滅的貢獻。

乾隆南巡

乾隆是康熙的孫子，也是爺爺的小迷弟。從他在位六十年時，為了不打

破康熙在位六十一年的記錄，而退居幕後當太上皇的舉動就知道，乾隆有多麼崇拜康熙了。

乾隆皇帝在位十四年後，下了一道諭旨：「江南地廣人稠，素所惦念，其官方、戎政、河務、海防、與閭閻疾苦、無非事者，第程途稍遠，十餘年來未遑舉行。屢嘗敬讀實錄，備載前後南巡，恭待皇太后鑾輿……」這表示乾隆查閱了康熙的「南巡攻略」，也想效仿康熙巡查河務、體察民情，順便帶上媽媽去旅行。

不過，和康熙簡約的作風不同，乾隆走的是奢華路線，出發的前一年就命人制定南巡路線，修築道路並且沿途修建「五星級度假飯店」——行宮。

知道皇帝喜歡古玩字畫，各地官員爭相搜羅稀世珍寶。當時流行進貢玉器，於是大小官員紛紛搶購、請人雕刻，導致玉器價格大幅上漲。

據統計，康熙六次南巡，「每處所費不過一二萬金」，而排場很大的乾隆六次南巡，就花掉了兩千萬兩，是康熙的幾十倍之多。

跟康熙體察民情、伸張正義不同，

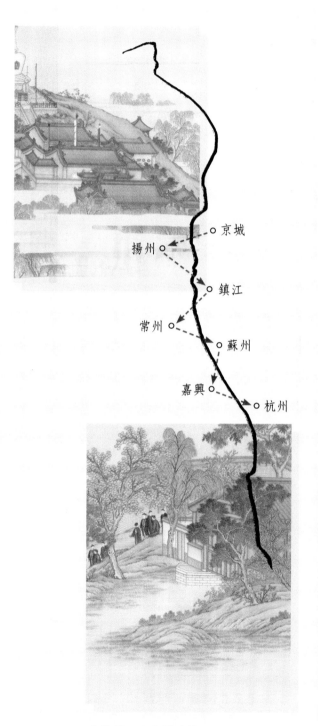

乾隆第一次南巡路線

乾隆南巡期間屢興冤獄，很多官員、知識份子和平民百姓無辜躺槍。

有一次，一名河南夏邑人攔御駕告狀，狀告當地官員隱瞞災情不報，請求乾隆為民做主。乾隆被嚇了一跳，心情很不爽，於是下令將他趕走。誰知車駕剛剛啟程，又有夏邑人劉元德遞上狀紙，狀告當地官員隱瞞災情，草菅人命。乾隆頓時大怒，還讓不讓我好好玩耍了！反而下令把劉元德抓了起來，嚴加審問，追查幕後主謀。

後來查明劉元德所報非虛，瞭解到實情的乾隆懲罰了當地官員，但卻也對劉元德痛下了殺手，誰讓他衝撞了聖駕，惹乾隆不高興了呢。

乾隆南巡期間，無辜躺槍的不只這一例，著名的《一柱樓》詩稿案、《虬峰集》案、《憶鳴詩集》案、《芥圃詩鈔》案等文字獄冤案一時頻出。

儘管乾隆的南巡透露出濃濃的腹黑氣息，但他南巡也確實有在做事。比如乾隆在南巡時對海塘工程的注重，經過二十年的努力不懈，海塘工程全線竣工，確保了江南水鄉的繁榮。

在乾隆晚年時，他終於深深地反省了自己南巡的過失：「朕臨御六十年，並無失德；惟六次南巡，勞民傷財，作無益害有益！後來皇帝如南巡而汝不阻止，必無以對朕。」不過，此時已為時已晚，乾隆六次南巡嚴重消耗了清朝的國力，成了清朝由盛轉衰的轉捩點。

皇帝下江南進行南巡，並不是單純地遊山玩水，而是帶有很多政治意圖的。而南巡的效果如何，取決於皇帝的選擇。「成由勤儉敗由奢」，無論對九五之尊的皇帝，還是對平民百姓，看來都是一樣的道理。

就喜歡遊山玩水～
但，悔不該玩得
太嗨啊！

皇上，該休息了

您已經看了四十八小時的奏摺了

自古以來，有很多個性鮮明的皇帝，在日理萬機之餘，都會有自己的愛好。有的皇帝愛好還十分特別，讓人做夢都想不到。現在就讓我們一起來盤點皇帝們的各種愛好！

收藏古玩字畫

在眾多皇帝之中，有兩個十分著名的收藏狂魔——宋徽宗和清乾隆皇帝，他們都給自己的收藏品編撰了專門的收藏目錄，也成為了歷代收藏家的必備指南。

宋徽宗的收藏「則咸蒙貯錄，且累數至萬餘」，他還修築了很多宮殿來保管收藏品——「宣和殿後，又創立保和殿者，左右有稽古、博古、尚古等諸閣，咸以貯藏古玉印璽、諸鼎彝禮器、法書圖畫盡在。」這完全是一個大型博物館的規模了。

不但如此，他還命人編寫了《宣和書譜》、《宣和畫譜》和《宣和博古圖》。《宣和書譜》收錄內府所藏古書法家一百九十七位，並逐個立傳，收法帖一千兩百四十餘軸，為歷代宮廷最詳細的收藏目錄。《宣和畫譜》把歷代名畫分為十大類：道釋、人物、宮室、番族、龍魚、山水、畜獸、花鳥、墨竹、蔬果，收錄名畫家兩百三十一人，作品六千三百九十六軸。《宣和博古圖》共三十卷，勾摹內府收藏三代至秦漢古青銅器的圖樣，以存其形、以錄其跡。這幾本書也是此後收藏家們的必讀指南。

乾隆則是繼宋徽宗之後最瘋狂的皇帝收藏家，他也模仿宋徽宗命專人編寫收藏目錄——《秘殿珠林》和《石渠寶笈》。他也同樣設十數殿，每殿分專題收藏，甚至還依殿打造各自的收藏印。不過和人人稱讚的宋徽宗不同，乾隆被吐槽為收藏界的「土石流」，因為凡是經過乾隆之手的藝術品，要不是被題字，就是被蓋印。乾隆的印章又特別多，據說有一千多方，常用的也有五百多方。乾隆在收藏界「愛新覺羅・牛皮癬」的外號，可不是白來的。

朕的時尚
你們不懂

旅遊

雖然皇帝的生活並沒有眼前的苟且，但他們也嚮往著詩和遠方。皇帝們掌管著一國的命運，國事繁忙，壓力很大。很多皇帝都會選擇出差——巡遊，不但可以全面掌握地方的情況，還可以看看自己統治的天下，品嚐各地美食，欣賞大好河山。

殷商時期的甲骨文中，就有許多暗示旅遊之類涵義的卜辭，如「巡省」、「田獵」等。西周時期，周天子分封諸侯，為了掌握各地諸侯國的情況，就定期巡遊四方，體察民情、紓解民困。周穆王「即位三十二年，巡行天下，駛黃金碧玉之車，傍風乘氣，起朝陽之岳，自明及晦，窮宇縣之表」，並把巡遊的所見所聞寫成了最早的遊記——《穆天子傳》。

秦始皇統一天下後，十年間巡遊全國五次，平均每兩年一次，每次外出的時間長達半年左右。他走遍大江南北，還在七個地方立巨石刻字建碑，以記其功績。

漢武帝也是一個出了名的旅行家，與秦始皇樹碑記功不同的是，漢武帝走到哪裡都會進行祭祀，抱神的大腿。出長城，登單于台，威鎮匈奴；回陝西祭黃帝陵，華山祈禱；東行至嵩山，敬禮於太室；封禪泰山，至東海求仙，以及九嶷山拜虞舜等等。

木工

明朝有個性的皇帝非常多，明熹宗朱由校就是其中一員，他是天才木匠，當皇帝只是兼職。

天啟五年（西元一六二五年）到天啟七年（西元一六二七年）間，明熹宗對皇極殿、中極殿和建極殿大修，從起柱、上樑到插劍懸牌，整個工程他都親臨現場，甚至為此廢寢忘食。

cosplay

雍正和乾隆父子倆是 cosplay 高等玩家，知道了之後絕對會讓你「一畫一驚心」。

在《雍正行樂圖》中，雍正扮演了多個角色：松下撫琴的文人雅士、彎弓射孔雀的神箭手、身穿西洋服

與猛虎搏鬥的勇士、「孤舟蓑笠翁，獨釣寒江雪」的垂釣者、寒窗苦讀的書生、水邊洗腳的平民……雍正把各種各樣的角色演繹得活靈活現，真是被皇帝工作耽誤的好演員。

雍正不光自己玩，還帶上兒子乾隆一起玩。《平安春信圖》中，雍正和乾隆扮演了一對手持竹枝的父子；在《弘曆采芝圖》中，雍正扮演了採藥的大夫，乾隆則是他的徒弟。

乾隆也是一個書畫愛好者，他還樂於演繹畫中人。他喜歡丁雲鵬的《掃象圖》，於是扮成了圖中的普賢菩薩，命畫師畫了一幅《弘曆洗象圖》；喜歡冷枚的《賞月圖》，於是便命令畫師臨摹，把自己畫進畫裡，畫成《高宗觀月圖》；喜歡《雪夜讀書圖》，於是便命人臨摹畫作，把自己畫成圖中的男主角，體驗一把寒窗苦讀的感覺。

皇帝雖然「貴為天子」，但他們始終還是人，性格各異，愛好也不同。他們和我們普通人一樣，在工作之餘，也有各種各樣的業餘愛好，用來娛樂身心、休閒放鬆。

《雍正行樂圖》之一

雍正行樂圖 ——六月

天哪，太子翹課又被抓住了

　　自古以來，各位家長都有「望子成龍，望女成鳳」的渴望，就算是真龍天子的皇帝也是一樣的。作為皇帝的孩子，皇子們不僅從小要學會各種宮鬥技能，保護自己的安全，還得熟讀四書五經，精通琴棋書畫，成為學霸中的學霸、精英中的精英，不然怎麼能從眾多皇子中脫穎而出，成為太子，走上人生巔峰呢？

　　唐代皇子們的啟蒙教育，也就是幼稚園階段，都是在後宮中渡過的，幼稚園的老師就是後宮中那些才貌俱佳的妃子們。《貞觀政要》中記載唐太宗曾說皇子們「生乎深宮，長乎婦人之手」。

　　和我們現在的小朋友一樣，六、七歲的皇子們就要升小學，開始正式的初級基本教育了。在唐朝，皇子們的入學之日特別重要，這意味著皇子們開始長大成人了，叫「齒胄」，所以開學典禮一般都非常隆重。

　　當時唐朝流行的小學課本有《急就章》、《文選》、《千字文》、《兔園冊府》……不過，皇帝也會命大臣專門給皇子們編寫教材，唐玄宗就對大臣說：「說與徐堅、韋述等編此進上，詔以《初學記》為名，後其書行於代。」

　　唐朝皇子們讀小學的地方就叫「小學」，是唐朝的開國皇帝李淵設置的。《唐會要·學校》記載，小學的功能是「以教宗室子孫及功臣子弟」。後來，到了唐玄宗後，皇子們在「十王宅」、「百孫院」中長大，自然就在這裡讀小學。

　　小學畢業之後，皇子們也會像我們一樣升學，而且還是初中、高中、大學一起的。皇子們在這個階段的學校是弘文館和崇文館相加的「綜合性大學」。

弘文館和崇文館——「綜合性大學」培養計畫（參考自剡蕾《唐代皇子教育對其文章創作的影響》，《文學教育》二〇一八年第一期）：

課程類型		課程名稱	學習年限	考試內容
必修課		《孝經》、《論語》	共一年	孝經二條、論語八條，共十條，需通六
必修課	經學	《尚書》、《春秋公羊傳》、《谷梁傳》（小經）	各一年半	一大經，一小經或兩中經
		《周易》（小經）、《毛詩》《周禮》、《禮箭》（中經）	各兩年	熟讀精熟、言音典正，策試十道，取粗解注義，需通六
		《左氏春秋》、《禮記》（大經）		
	史學	《史記》、《漢書》、《後漢書》、《三國志》、《東觀記》	各三年	各自考核。讀文精熟，言音典正，策試十道，取粗解注義，需通三
	其他	《說文解字》、《字林》		

皇子們除了有沉重的課業負擔，也同樣會面臨考試的噩夢。每十天有一次考試，稱為「旬式」，考完之後可以休息一天，跟我們平常的小考差不多。每年年末有一次考試，稱為「歲式」，相當於我們的期末考，不過每年只考一次。結業的時候還有一次考試，稱為「升格考試」，相當於我們的畢業考。

說了這麼多關於讀書的事，大家都累了吧？接下來說說最萬眾期待的事——放假！弘文館和崇文館的休假是這樣規定的：平時會有像我們現在的「週末」，每十天休假一天，稱為「旬假」。每年也會像我們現在的寒暑假一樣，放兩次大假，五月放一個月的假，稱為「田假」；九月放一個月的假，稱為「授衣假」。

唐朝的皇子們和我們現在一樣，有沉重的課業負擔，也會面臨被考試支配的恐懼，而且也有「週末」和「寒暑假」。

因此，在學習的重壓之下，唐朝的上流子弟也會像我們大多數學生一樣，有逆反心理。哪裡有壓迫，哪裡就有反抗，而且他們反抗的動靜還真不小，都驚動史官把他們的事蹟記錄在案了。《封氏聞見記·貢舉》就記載：

在館諸生，更相造詣，互結朋黨，以相漁奪，號以為棚。推聲望者為棚頭。權門貴戚，無不走謁，以此熒惑，主司視聽。其不第者，率多喧訟，考功不能禦。

當時有背景的學生們集體作弊，老師們攔都攔不住，管也管不了。最後沒有辦法，唐玄宗只好下令「自今已後，一依令試考試」，也就是從弘文館和崇文館畢業的上流子弟們，都要和全國的其他考生一樣，參加唐朝的「聯考」──科舉考試。

那什麼時候畢業呢？終身學習，活到老、學到老。即使皇子們娶妻生子，在自立門戶之後，也還是要配備專職老師繼續學習。專職老師隊伍有「傅一人，從三品，掌輔政過失」、「友一人，從五品下，掌侍遊處，規諷道義」、「侍讀，無定員」、「文學一人，從六品上，掌校典籍，侍從文章」。看來家庭教師還真不少！

各個朝代都會根據自己的需求，對皇子的教育制定不同的教學計畫、方法、機構，不過清朝對皇子的培養是有目共睹的嚴格。看看康熙最愛的兒子胤礽，他的母親仁孝皇后在生他的時候難產而死，康熙痛失愛妻，憐惜幼子，於是將胤礽帶在身邊撫養。胤礽一歲時就被立為皇太子，四歲時康熙親自開始教胤礽寫字、認字，並且精心為胤礽挑選才德兼備的好老師。

看看胤礽一天的課表：

時間	課程
5 到 7 點	讀書最少 120 遍
7 到 9 點	康熙下朝檢查
9 到 11 點	學習滿文、漢文
11 到 13 點	吃飯，背誦《禮記》
13 點到 15 點	射箭課
15 點到 17 點	康熙檢查功課，其他皇子侍讀
17 點到 19 點	康熙親自教射箭

清朝其他皇子也是如此。皇子們從六歲開始讀書，每年的假期只有元旦、端午、中秋、自己生日各休息一天，外加父親的生日兩天和除夕半天之外，其他的時間無論嚴寒酷暑都必須上課，一年放假的時間加起來，連一個年假都不到。

學霸不是一天養成的，明君也不是一天養成的。歷朝歷代的皇家都十分重視對皇子們的教育，可說是「欲戴王冠，必承其重」。

美國芳油畫《夢》局部

蓋房養房都不容易
身為皇帝也是房奴

「普天之下，莫非王土。」然而，作為全國最大的地主，皇帝也會為房喜、為房憂。

金屋藏嬌——憑一套房子，普通的皇子逆襲成為皇帝

漢武帝劉徹是漢景帝的王夫人所生，也是漢景帝的第十個兒子。在講究嫡庶尊卑的古代，無論如何，劉徹都是無法繼承皇位的。漢武帝之所以能繼承皇位，成為名垂青史的千古一帝，得益於一套房子。

館陶公主是漢景帝的親姐姐，地位非常尊貴，她非常寵愛女兒陳阿嬌。館陶公主原本打算將陳阿嬌嫁給當時的太子劉榮，來個親上加親，但是劉榮的母親栗姬記恨館陶公主老是給漢景帝獻美人，於是果斷拒絕了館陶公主。

地位尊貴、自尊心極強的館陶公主能咽得下這口氣嗎？這時，漢武帝的母親——王夫人恰好過來看望長公主，不僅聽長公主吐槽，還耐心地安慰這長公主。於是長公主靈機一動，想到王夫人不是有一個兒子嗎？把自己的女兒嫁給他這不正好！

不久，館陶公主帶著女兒陳阿嬌到未央宮做客，看望未來的小女婿。館陶公主抱著才四歲的漢武帝問：「阿嬌好看嗎？」劉徹回答：「好看，如果我能娶阿嬌，我一定建一座金屋給阿嬌住。」這麼小就那麼會撩妹，當然深得未來岳母的歡心。在岳母館陶公主和母親王夫人的助攻下，劉徹順利當上了太子，在漢景帝去世後，成為了皇帝，陳阿嬌也自然成了皇后。

漢武帝到底有沒有為陳阿嬌造一座黃金屋呢？史書上沒有記載，但是貴為皇后的陳阿嬌確實住上了比黃金堆砌的房子還要尊貴的椒房殿——只有「母儀天下」的皇后才能居住。《漢書·車千秋傳》中，顏師古注：「椒房殿名，皇后所居也，以椒和泥塗壁，取其溫而芳也。」

如果四川人到了椒房殿，能抑制住想把牆上的土摳下來，拿去煮火鍋的衝動嗎？

唐長安城——
二手建材的重複利用典範

唐長安城的前身是隋朝的大興城，唐朝在取代隋朝後，在這裡建都，並改大興城為長安城。

隋朝之所以修建大興城，跟隋文帝的一個夢有關。隋文帝建立隋朝的時候，把都城定在了漢長安城，不過在歷經了幾百年的風霜以後，漢長安城已經不再是那個氣勢恢弘的漢長安城，變成了一座十分破舊、供水不良，排水不暢、水質污染十分嚴重的城市，再加上渭水河畔的漢長安城經常受到渭水改道的威脅，這樣的城市的確不再適合作為當時的都城。隋文帝住在這樣破舊的都城中，感到十分委屈，有天他做了一個夢，《隋唐嘉話》記載：「隋文帝夢洪水沒城，意惡之，乃移都大興。」於是，隋文帝決定馬上興建新的都城，並把這項重任交給

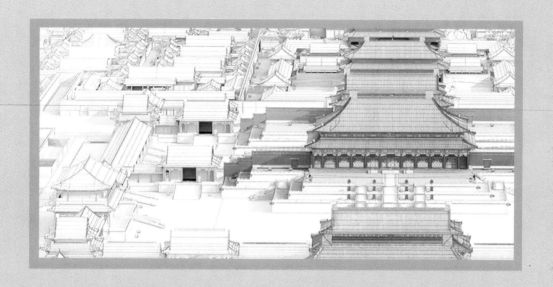

了當時的天才建築師──宇文愷。宇文愷來頭可不小，他是鮮卑人，隋朝十二大將軍之一，出身於武將世家。不僅如此，《隋書‧宇文愷傳》還這樣評價他：「好學，博覽書記，解屬文，多伎藝，號為名父公子。」

從隋文帝下詔開始修建大興城的開皇二年六月，大興城就以迅雷不及掩耳之勢，迅速拔地而起。到了第二年的三月，僅僅用了十個月的時間，大興城就基本建成了。當月隋文帝馬上收拾好家當，一家都搬進了大興城。隋文帝到底有多嫌棄破敗的漢長安城，從他匆匆離開的背影就可以看出來了。

十個月建成一座皇宮，這速度真的是前無古人、後無來者，沒有對比就沒有傷害，來看看其他朝代建設都城的速度你就明白了。秦始皇的阿房宮，用了五年的時間，到秦朝滅亡的時候都還沒建好。漢長安城，光未央宮就花費了七年的時間。元朝的大都，前前後後共花費了十八年才建成。我們現在還可以看到的明清兩代皇宮──紫禁城，也花費了十四年的時間，才建造完成。

為什麼大興城可以這麼快就建成呢？一方面是宇文愷的才能實在太出色了，另一方面，建造大興城的許多建材都是現成的，裡頭很多官署和宮殿，都是拆掉漢長安城裡的材料來修建的，不需要經歷漫長的取材和運輸。

這是十分典型的拆東牆、補西牆的做法，雖然快速，但也留下了隱患。唐開元年間，《舊唐書‧玄宗本紀上》

記載：「癸卯寅時，太廟屋壞，移神主於太極殿，上素服避正殿，輟朝五日，日躬親祭享。」這可把唐玄宗氣壞了，自己祖宗住的太廟倒塌可不是什麼吉利的事，於是命令大臣姚崇追查此事。不久，機智的姚崇發現了其中的玄機：原來是隋朝興建太廟的時候，用的是前秦苻堅太廟的木料，歷史悠久，木料腐朽，也就導致了「豆腐渣工程」的出現。

哼！我故宮石獅
看你就像塊豆腐渣！

命比紙薄的故宮三大殿

永樂十九年（西元一四二一年），永樂皇帝正式遷都，歷時十四年，終於建成北京紫禁城，並在三大殿舉行大典，正式啟用。但是，同年四月，僅僅使用了三個多月的三大殿便遭受了巨大火災。相隔了十九年（西元一四四〇年），經過兩位皇帝的籌措，

動用了七萬多人，經過一年多的時間，才完成了修復工程。這次修復之後，三大殿渡過了一段較長的安全期。

但在嘉靖三十六年（西元一五五七年），也就是一百一十七年之後，故宮遭遇了史上最大的一次火災。《世宗實錄》記載：「四月丙申，雷雨大作，戌刻，火光驟起，由奉天殿延燒謹身，華蓋二殿，文、武樓，奉天、左順、右順及午門外左右廊盡毀。」這次火災後，不僅僅是三大殿，還幾乎把外朝中軸線上的建築全燒毀了。這次火災後歷經了四年多，才又把三大殿重建完成，且又新建了雷神廟，還把三大殿都改了名。

西元一五九七年，僅僅又過了四十年，三大殿又遭殃了。根據《神宗實錄》記載：「萬曆二十五年六月戊寅，三殿災……一時具燼」。這次火災後，歷經了十八年，三大殿才又重新建成。

西元一六七九年，好不容易消停了八十二年，清康熙年間，三大殿又被焚毀了，直到西元一六九〇年才又開始重建工程，經過五年的努力，才又再次建成了三大殿，也就是我們現在所看到的三大殿。

在紫禁城建成的近六百多年的時間裡，三個主殿就脫胎換骨了五次。恐怕故宮的主人——皇帝們都很心累，修復這三個「大房子」費時又費力，但要是不修，又丟面子——誰家裡矗立著幾座廢墟都不好看。

在皇帝們為了他們華美的宮殿耗盡心力之時，也有「無立錐之地」的貧者流浪街頭。兩個極端的寫照，莫過於「朱門酒肉臭，路有凍死骨」了。

紫禁城皇家殿堂一日遊

立即
成團！

要趕緊上班了，
李美麗又要比我早到了！

導覽人：李碩

導覽人簡介：小宮女於二〇一一年
進宮當差，平日參與紫禁城工程管
理的相關工作，是一名稍微有點兒
文藝的工科女，特別熱愛攝影，喜
歡用手機捕捉紫禁城的美。

看了這麼多皇家新聞，是不是對皇帝的住所有些好奇呢？

　　讓我們打開聚光燈，麥克風遞過來，揭開皇家宮殿中的翹楚——紫禁城的神秘面紗。

　　紫禁城，是明清時期的皇家宮殿。它位於中國北京中軸線中心，是世界上現存規模最大、保存最完整的古建築群。

　　紫禁城全城南北長九百六十一公尺，東西寬七百五十三公尺，總面積七十二萬平方公尺。這麼大的宮殿，該從何看起？下面為大家推薦幾條特色參觀路線，抓緊了，快上車！

深度參觀長知識路線

打卡熱點：

午門 → 武英殿 → 慈寧宮 →
西六宮 → 東六宮 → 寧壽宮區

參觀時間：6 至 8 小時

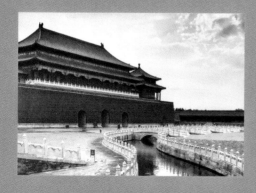

| 午門 | 武英殿 | 慈寧宮 | 西六宮 | 東六宮 | 寧壽宮區 |

午門（午門展廳）

從午門進入紫禁城後，可以先登午門和東西雁翅樓，這裡是紫禁城最大的現代化展廳，經常舉辦各種高大上的展覽。曾經引起熱潮的《千里江山圖》就是在此展出的。

《千里江山圖》局部

武英殿

武英殿曾經是明清皇帝召見大臣與自己居住的地方，在康熙時期改成武英殿書局，專門負責藏畫、修書。武英殿原本是書畫館，但從二〇一八年開始，改成了陶瓷館。

慈寧宮

大名鼎鼎的慈寧宮，大家一定都知道，它是明清前代貴妃、太后和太皇太后居住或舉行重大典禮的地方，現在改成了雕塑館，分為雕塑薈萃館、漢唐陶俑館、磚石畫像館、修德白石館、佛教造像館五部分。陳列的文物主要涵蓋陶俑、畫像磚石、佛像三大類。慈寧宮西側是壽康宮，為清代太皇太后、皇太后的居所，目前為原狀陳列。別忘記和慈寧宮花園裡的花花草草們合照喔！

西六宮

西六宮是清代後宮嬪妃的住所。西六宮中的太極殿、永壽宮、翊坤宮、儲秀宮目前開放，為宮廷生活原狀陳列，可供參觀，遊客可以從中體驗到清宮劇中的場景。

東六宮

東六宮跟西六宮相對應，也是明清時期皇太子、妃子們居住的地方。

承乾宮、永和宮有青銅器展；景仁宮有明代禦窯瓷器展。看過《延禧攻略》的遊客可以來延禧宮打卡，不過延禧宮曾被燒毀，宣統元年在舊址修建靈沼軒，但之後一直未完工，我們現在看到的是「爛尾樓」了。

太和殿

太和殿

寧壽宮區

寧壽宮區不僅可以參觀，還適合拍照。這裡有皇帝和後妃們聽戲的大戲樓，有各種富麗堂皇的樓閣軒堂，還有被稱為「乾隆花園」的寧壽宮花園，整體佈局錯落有致，堪稱是皇家園林的典範！

進入寧壽宮區參觀珍寶館、戲曲館、石鼓館等展覽，需另購門票。而九龍壁、皇極殿、寧壽宮、養性殿、樂壽堂、暢音閣、禊賞亭、古華軒、珍妃井……等，這幾個地方都不容錯過喔！

紫禁城逗貓路線

打卡地點：

箭亭 → 御花園 → 壽康宮 → 慈寧花園 → 錫慶門 → 樂壽堂

參觀時間：**不定**

　　御貓出沒！紫禁城裡養了一百八十一隻御貓，每隻都有自己的名字。在故宮裡溜達的時候，很可能會和牠們碰上面喔！

一、右翼門

　　右翼門西側，在一片綠油油的草地上，會看到一隻優雅的、腿超長的貓咪在曬太陽，牠的名字就叫「長腿兒」！你可以試著喊牠，牠會回應的。牠也是著名的「宮貓競猜世界盃」的主力選手。

二、御花園

　　御花園也是貓咪們常去溜達的地方，說不定牠們就藏在某個角落裡呢！

三、壽康宮

　　據說「大白」經常在這裡出沒，其他貓咪也喜歡在這裡玩耍。

四、慈寧花園

　　「香菜」很喜歡這裡！來解鎖吧！

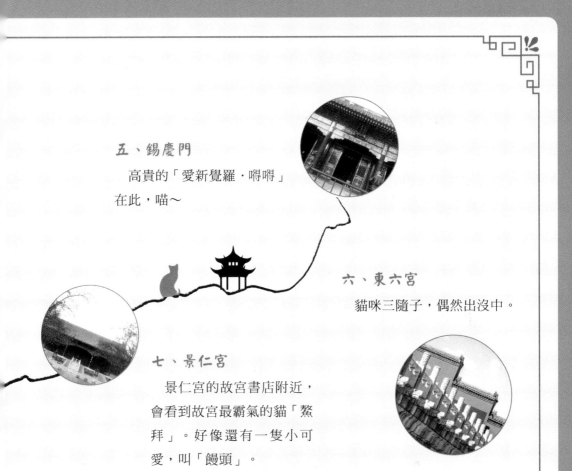

五、錫慶門

高貴的「愛新覺羅·嘚嘚」
在此，喵～

六、東六宮

貓咪三隨子，偶然出沒中。

七、景仁宮

景仁宮的故宮書店附近，
會看到故宮最霸氣的貓「鰲
拜」。好像還有一隻小可
愛，叫「饅頭」。

其他宮殿的喵星人也會隨機出
沒，冬天的時候喵星人會躲起來，
春夏時比較容易遇到牠們。祝你在
紫禁城逗貓成功！

紫禁城的宮貓是我們的同事小
夥伴，是最萌的御前帶爪侍衛，為
了保護貓咪的小生命，也為了保護
遊客安全，請大家不要亂餵食，更
不要亂摸，以防被抓、受傷，畢竟
宮裡的喵星人都有自己的小脾氣。

貳

美食盛宴

賣糖葫蘆囉！
十元一個

葡萄美酒夜光杯，欲飲琵琶馬上催。醉臥沙場君莫笑，古來征戰幾人回。

Q：中國古代流行小吃嗎？是不是沒什麼好吃的？

A：不不不，這樣想你就錯了。

作為人口基數龐大的吃貨大國，中國怎麼可能沒有好吃的！正餐美食多得數不過來，小吃零食也不能落後！趕緊來看看！

燒尾宴是唐朝最盛大的宴會之一，一般是新官上任或職位升遷時舉辦，用以招待親朋好友共同慶祝的宴會，菜品豐富，非常闊氣。從這樣的宴會上，可以窺得當時點心的一二。

用今天的說法來說，裡面有包括油鏇子、蒸麵、各類精品酥點、烘焙糕點、湯羹粥食……等。在唐代韋巨源的《燒尾宴食單》中，就有著詳細的菜名記載。

一場宴會，光點心就有這麼多樣了，真可謂奢侈。看完了大場面，再讓我們回到日常生活中。

胡餅，一種唐朝美食，有點類似我們現在吃的燒餅，是用麵粉製成，再撒點很像黑芝麻的「斯亞旦」，後來慢慢發展成中間包餡的形式，不僅能填飽肚子，還很美味。

不過胡餅這個東西，其實自漢代就傳入國內了，只不過到了唐朝才流行起來。流行到什麼程度呢？就連皇上餓了，都會拿它來充饑。

曾有個官員叫作劉晏，有一天出門的時候，忽然在路邊聞到了香味，就讓僕人去看看。僕人捧了幾塊熱騰騰、香噴噴的胡餅回來，劉晏沒忍住，就直接用

紅荔支初從葡萄
美酒香水精簷底
坐風細葛衣涼作笑

袖子一包，馬上開啃，還邊吃邊誇：「真香！」

不過，有的人運氣就沒那麼好了。一個叫張衡的小官就因為在路邊吃餅，被人舉報有損官員形象，生生被貶，雖然很慘，但也身體力行地說明，胡餅的確是讓唐朝人欲罷不能的美食。

如果有機會去唐朝吃點心，真的是有福了。唐朝還流行吃一種甜甜的，叫「蔗漿」的東西，顧名思義，是用甘蔗製成的，只是工藝比較粗糙，並且因為不能長時間保存，需要冰鎮。那時候吃啥都可以澆上蔗漿，王維吃「蔗漿菰米飯」，也有人在吃櫻桃的時候澆，叫「蔗漿澆櫻桃」。

在唐章懷太子墓中出土的「仕女圖」和壁畫「野宴圖」中，都出現了雙手捧著類似盆景物件的仕女。有一種說法是，她們手中所捧的為唐代的甜點——酥山。五代詞人和凝的詞作《春光好》中描述道：「玉指剪裁羅勝，金盤點綴酥山。」之所以叫「山」，是因為它是由牛羊乳油之類融化後所形成的形態，類似於現在的奶油。

除此之外，《雲仙散錄》裡還記載了一種叫「透花糍」的小吃，並這麼形容：「吳興米，炊之甑香；白馬豆，食之齒醉。虢國夫人廚吏鄧連，以此米搗為透花糍，以豆洗皮作靈沙臛，以供翠鴛堂。」白白嫩嫩，小巧精緻，一看就特別好吃。

如果實在熱得受不了，宋代陶谷的《清異錄》中，記載了宮廷裡一道叫作

「清風飯」的食物。清風飯是用糯米飯、龍睛粉、龍腦末與牛奶一起攪拌，放入缸中，冰鎮在冰池裡，等到冷凍透了，就可以端上來吃了，是上流權貴清涼消暑的必備利器。

宋朝，對於吃貨而言也是一個十分幸福的朝代。飯館的興起給人們提供了吃喝的好去處，夜市更是解決了熬夜黨半夜餓肚子的問題。

宋朝的人民沿襲了唐朝人愛吃奶製品的習慣，長篇白話世情小說《金瓶梅》中，就提到過一種叫「酥油鮑螺」的甜品。

誰吃了我的酥油鮑螺？

酥油鮑螺的做法如下：將自然發酵後的牛奶煮成奶渣，攪拌後分離出奶油，加入蜂蜜和蔗糖，凝結後旋轉擠在盤子上，製成下面圓上面尖、像螺紋一般的小點心。光是這樣聽起來，感覺都能聞到甜滋滋的味道了。

因為價格便宜、製法簡單，酥油鮑螺在當時是十分普遍的點心，上到達官貴人，下到普通百姓，都會自己製作。有客人上門的時候，端出小小一盤酥油鮑螺，好看又好吃，作為待客小吃簡直完美。

在街頭，你想吃的幾乎應有盡有。簡簡單單的果子，就可以做出生果、乾果、涼果、蜜餞和餅食五種食用的類型，不管你是口渴了，還是餓了、饞了，沒有什麼是一個果子解決不了的，如果有，那就再來一個。

不僅如此，果子的名字也特別好聽，香糖果子、金絲黨梅、間道糖荔枝、離刀紫蘇膏、香根元……是不是聽起來就讓人食指大動！

冰糖葫蘆就是在這個時候出現的，不過它最初並不是作為零食而存在，而是為了治病。民間傳言，說是宋光宗最寵愛的皇貴妃病了，卻沒有一個御醫能治好，無奈之下，皇帝只好求助民間醫生。其中有一個醫生說，可以將冰糖和山楂煎熬服用。按醫生的方法熬好了藥，貴妃吃了後，很快便好了起來，而這種方法傳到民間後，有人便突發奇想地將果子串起來吃，就變成了酸酸甜甜的冰糖葫蘆了。

除了果子，宋朝還有一樣你想不到的小吃。

「老闆，來一瓶冰可樂！」夏日炎炎，如果你走在街上快要因為烈日而窒息，隨手就能在街邊來一瓶冰冰涼涼的飲料。事實上，在宋朝，這樣的事也屢見不鮮。

不過那時候沒有冰可樂，而是叫「冰雪」，是不是一聽就能感受到一陣撲面而來的清新涼意？在宋朝以前，冰是很難儲存的，只有地位十分尊貴的人才能享受到。「長安冰雪，至夏月則價等金璧」，這樣的說法不是虛傳的。但是，到了宋朝，冰很快就變成了普通人也能享用到的東西，街頭巷尾到處都擺著攤子，只有你想不到，沒有你買不到的。張擇端的《清明上河圖》裡，就有一個名叫「香飲子」的冷飲攤。《東京夢華錄》裡也有相關記載。

明朝時的琅琊酥糖，又叫麵糖、董糖，是借「琅琊山」而取的名字，是江淮一帶地區的名產。琅琊酥糖主要用純白芝麻與白砂糖加工製成，切成乳白色的一小塊，薄厚均勻，層次分明，口感酥軟，濃郁的香味飄散開來，卻不會讓人覺得膩，有「香召雲外客，味引洞中仙」一說。

孫國敉在《燕都遊覽志》中，則提過一種叫「春餅」的小吃。春餅是一種將菜捲在薄如紙的餅皮中食用的小吃，一般是在立春的時候吃的，圖一個好兆頭。唐朝時吃春餅，在裡面放春蒿、黃韭、蓼芽，取的是迎新迎春的意思，而宋朝宮廷裡則多用薺菜包之，「翠縷紅

絲，金雞玉燕，備極精巧，每盤值萬
錢」，賣相十分好看。

清朝是距離我們最近的一個朝代，
飲食已經和現代差不多了。硬麵餑餑、
切糕、驢打滾等麵食，餛飩、雜碎湯、
滷煮火燒等帶湯小食，山楂糕、吹糖
人、糖炒栗子之類的甜食點心，聽名
字就可以清晰地在腦海中想到它們的
樣子，想吃的話也能隨處買到，很多
地方還能找到流傳百年的老字號店鋪，
可以說是相當親切了。

酥酪，是清朝的一款點心，在《紅
樓夢》第十九回中也曾提到。在當時，
酥酪有很多種食用方法，可以直接撒
上瓜子或其他堅果食用，紅紅綠綠的
顏色斑斕，很是好看；也可以煮溶成
湯，淨白如雪，作奶茶飲品飲用；或
是成塊狀後切片，捲上山楂、核桃等
內餡，做成奶捲吃；又或是套入模具
凝結，製成奶餅……簡單的做法，滿
足了各種食用口味和習慣的人，讓酥
酪想不流行都難！

除了奶，只要喜歡，也能用其他的
食材製成酪，比如杏酪。

在袁枚的《隨園食單》中，記載了
杏酪的製作方法：將杏仁搗碎碾成漿，
過濾掉渣，和糖一起熬制。

杏酪不僅好吃，還有藥用價值。風
寒咳嗽的時候，可以吃一碗杏酪，若
是經常服用，還能夠有抗癌的作用。

紫蘇膏也是藥膳的一種，主要用紫
蘇、桂、大黃、當歸等熬製冷卻而成，
主要針對咽喉的病痛。

這樣一看，古人的一些喜好和現代
挺像的，甜甜的乳製品是點心的首選
材料，從唐到清，甚至到了現在，它
都在人們的生活中佔據了重要的地位。

其實古代，雖然有些方面是落後了
點，但也沒有想像中那麼貧瘠，更何況
在「吃」這一塊，你要相信，即便缺少
材料與技術，老祖宗也是不會委屈自己
的。

參考文獻　《清異錄》、《燒尾宴食單》、《隨園食單》、《雲仙散錄》、《東京夢華錄》、《燕都遊覽志》、《宋史》、《燕京歲時記》

知道韓愈嗎？

聽說他敢吃……

人活在世，多多少少都有些小癖好，有的症狀比較輕，無傷大雅；而有的情況嚴重，令人嘆為觀止；有些甚至還是我們十分熟悉的名人。今天，我們就來挖一挖那些古代名人在「吃」上的奇怪癖好。

古人奇葩飲食之一：硫磺

韓愈，唐宋八大家之一，大文豪一名，寫的文章詩詞很多都是課堂上需背誦並默寫級別的，大家肯定都不陌生。

不過，他有個隱秘的癖好，是我們在課本上不曾學過的，那就是——吃硫磺。

韓愈吃硫磺，並不是因為喜歡，而是為了壯陽。據說他晚年妻妾成群，因為縱慾而傷了身體，為了保持旺盛的精力，所以要經常服用壯陽藥，但是藥三分毒，吃多了肯定是有害的，於是韓愈找了個迂迴的法子，把壯陽藥裡的硫磺磨成粉末，先餵給雞吃，自己再吃雞，以達到過濾毒素的目的。《清異錄》中記載：

昌黎公愈，晚年頗親脂粉，故事服食，用硫磺末攪粥飯，啖雞男，不使交，千日，烹庖，名『火靈庫』，公間日進一隻焉。

可是，這樣做並沒有什麼用，雖然開始時頗有成效，但最終還是沒能拯救韓愈，反倒害他因服用過多硫磺而死。

古人奇葩飲食之二：五石散

一說起魏晉風流，大家最先想到的一定就是美男了。美男怎麼來？除了天生麗質，也有後天的方法可以拯救。那時候沒有整容技術，但有一種叫「寒食散」，也稱「五石散」的東西，可以讓人容光煥發。

五石散早在漢朝就有了，但要到魏晉時代才流行起來，起因是一個叫作何晏的人。何晏是曹操的養子，雖是養子，但很得寵愛。他認為，五石散不僅可以治病，還能讓人神清氣爽。有一個成語叫「傅粉何郎」，說的就是何晏，因為他生得好看，容貌非常白皙，讓魏明帝一度覺得疑惑，覺得這個人是不是塗了粉才這麼白？於是魏明帝靈機一動，喊何晏來吃麵，熱氣騰騰地一蒸，肯定能讓他原形畢露。結果沒想到，何晏一邊流汗一邊擦臉，沒看見粉掉，臉還更白了，魏明帝這才醒悟，原來此人是真的白。

是什麼讓何晏得以如此呢？就是五石散。在那個看臉的時代，美貌是評價一個人很重要的標誌，且因為何晏在當時的名流貴族

裡聲望頗高，有很多人競相模仿，很快地，就形成了服用五石散的風氣，連晉哀帝、王羲之等都加入其中。據史學家余錫嘉先生考證，在那段時間裡，服用五石散的人數甚至達到了百萬人。

但五石散實際上是一種毒藥，主成分為白石英、紫石英、石鐘乳、赤石脂、石硫黃五味，雖然有肉眼可見的成效，但毒性也是十分大的，有不少人因此而喪生，可以說是真正的「用生命追求美貌」了。

人奇葩飲食之三：瘡痂

吃瘡痂，一聽就讓人渾身起雞皮疙瘩，但歷史上就有這麼一個人，對這個東西癡迷如命。他就是南朝宋南康郡公，劉邕。

讓我們先上證據——《南史·劉穆之傳》中記載：「邕性嗜食瘡痂，以

剝下來送給劉邕享用。

成語「嗜痂之癖」就是因此而來的，簡直是喪心病狂。

以上這幾位名人的故事是不是讓人大開眼界？相信歷史上還有更多有趣或奇葩的飲食怪癖，等下次有機會，我們再來詳細地挖一挖吧！

為味似鰒魚。」

這說的就是劉穆之的孫子劉邕，特別、非常、極其喜歡吃瘡痂，覺得它味道和鰒魚，也就是鮑魚很像……

好吧，你喜歡就喜歡吧，不去禍害別人還是一條好漢，然而，「美食」當前，又怎麼可能忍得住？

《南史》記載了這樣一個故事：劉邕有一個朋友叫孟靈休，生病了，劉邕親自去看他，結果看見對方床上掉落了一床的瘡痂，食指大動，一個一個將它們撿起來吃掉了。而孟靈休顯然也是個絕世好朋友，雖然驚呆了，但看劉邕吃得開心，就把自己身上沒掉的瘡痂全部扒下來給了劉邕，流血了也不在乎。而劉邕回去之後，仿佛打開了新世界的大門，不論有罪或沒罪的官吏，皆按順序輪番抽鞭子，等傷口結了痂，就

| 參考文獻 | 《南史》、《清異錄》 |

我還能喝！喝完酒感覺自己神清氣爽！

《飲酒圖》

沒有山珍海味
我們一樣活得很好

現代生活美食多多，一出門就有琳瑯滿目的美味供人挑選，在家門口想吃遍全世界都沒問題，小日子過得可說是喜滋滋。

這時，假如突然憑空出現了一架時光機，帶你進入中國漫長的歷史，去看看古代的百姓平時都吃些啥，你會看到什麼？

首先，是主食篇。

米飯和麵食是現代人們最重要的兩大主食，古代也一樣，只不過發展的時間稍微有些錯開。

五穀在春秋時期就有了明確的記載，那時候的人們已經熟練地掌握了栽培種植技術，根據對不同口感和不同作用的需求，主要選擇了稷、黍、菽、麥、稻五類主食。

起初，稷是最重要且最常見的食用作物，到了漢代，麥則進入了主流，簡單的麵食已經能夠端上百姓的餐桌了。

麵條就是在漢代被發明出來的，只不過那時不叫「麵條」，因為當時的麵食都叫「餅」，所以泡在湯裡的麵食，便取名「湯餅」。最開始的湯餅是寬的片狀，後來才慢慢演變成了條狀，成為了我們所熟悉的麵條。甚至還有人給麵條寫了篇小作文：

玄冬猛寒，清晨之會，涕凍鼻中，霜凝口外。充虛解戰，湯餅為最。弱似春綿，白若秋練。氣勃鬱以揚布，香氣散而遠遍。行人失涎於下風，童僕空

瞧而邪晦。擎器者舐唇，立侍者乾咽。
（晉束皙《湯餅賦》）

　　麵條作為方便又好吃的美食，深受廣大百姓的喜愛，到了宋代，資料上記載的麵條已經有三、四十種了。

　　水稻的崛起主要是在唐宋。粥則是唐朝時流行的早餐。白居易的《春寒》寫道：「今朝春氣寒，自問何所欲。蘇暖薤白酒，乳和地黃粥。」就問你流不流口水！

　　其次，是菜肴篇。

　　有了主食，接下來就是小菜了。別看我們現在總是抱怨肉又隨便漲價啦！在古代，別說漲價，就算不漲價，普通人家也幾乎都不太買得起。

　　如果你說要吃牛肉，先不說吃不吃得起，那可是要掉腦袋的事兒。因為從漢朝起就明文規定，牛是用來耕作的，不允許隨便宰殺。除非家裡的牛意外死了，才有機會吃上一次。

　　那人們吃什麼肉？答案是，豬肉。

　　豬肉在很多年裡，都被人認為是低檔的肉類。

　　宋朝時，吃羊在中上層階級是很流行的。大概有點類似我們喜歡和明星買同款，那時的人也是，因為皇家喜愛吃羊肉，於是民間也有很多人效仿。只不過因為價格不太親民，因此一般百姓只會在一些重要的節日食用羊肉，比如婚嫁，或是取得功名時。

　　那時候的羊肉流行到什麼程度呢？連蘇軾都說「十年京國厭肥羜」，可想而知當時吃羊肉的盛況。

　　對於貴族而言，他們是不屑豬肉的。因此，當時的豬肉基本上都進了老百姓的廚房。宋朝孟元老的《東京夢華錄》中記載，每天都有成千上萬頭豬被屠宰，供人們食用。

　　或許是因為羊肉真的吃膩了，吃貨界扛壩子蘇東坡先生經過精心研究，製作出了一道名菜，將豬肉也籠罩上了一層名為「美味」的光芒。

　　它就是——東坡肉。

東坡肉

當然，這道菜的發明並不是為了推廣豬肉，但它確實是變相起到了推廣的作用，因為它好吃呀！

到了明清，豬肉確確實實地走進了宮廷貴族的視野，上流社會的菜單裡出現了不少豬肉的身影，連袁枚的《隨園食單》裡都說：「豬用最多，可稱『廣大教主』。」

明清時期的許多習俗也保留到了現在，豬肉因而成為了我們生活中不可或缺的美食。

除了大家愛吃的肉，讓我們再來看看素食界的王道──蔬菜水果。

素食類美食的發展史中，最重要的一環，必屬絲綢之路了。國家的交流不僅碰撞出了新的文化，也碰撞出了各種各樣的美食。

在漢代以前，人們很喜歡吃桃子。《詩經》裡有很多關於桃的描寫，諸如「園有桃，其實之肴」、「投我以桃，報之以李」等。

漢代以後，石榴、葡萄等琳琅滿目的水果，還有胡瓜等蔬菜，進入了百姓的生活，豐富了人們的餐桌。

宋朝流行的果子，則將水果的火爆程度推到了一個高峰，街邊小販也出現了許多售賣蔬菜的小店，例如菠菜、茄子、茭白筍等，還有明清時傳入的馬鈴薯、鳳梨、辣椒⋯⋯

由此看來，古代的平民百姓，雖然沒有山珍海味，但不斷豐富起來的餐桌美食，也足夠他們慢慢享用了。

不知這一趟美食穿越之旅，你還滿意否？

參考文獻　《東京夢華錄》、《齊民要術》、《王禎農書》

今天，你宿醉了嗎？

　　假如你疲憊不堪、心煩意亂，你會選擇做什麼？假如你人逢喜事、欣喜若狂，又會選擇做什麼？

　　一定是喝酒，對不對！

　　酒與我們的文化密不可分，與每個人潛移默化的習慣緊緊相連。那麼你知道，酒是怎麼來的，又是怎麼發展到現在的嗎？

　　酒的發明，最初是一場意外。

　　那時人類還處在原始社會，是一個要什麼沒什麼的時期，一切都還在未知中探索。此時，有人發現採摘的果子因為存放太久，在發霉後散發出一種奇怪的味道，大膽地嘗試了之後，人們發現這味道竟然很好，於是開始發展了酒文化。

不論你愛不愛喝酒，杜康這個名字，你一定聽過。他是夏朝的國君，也是酒聖、釀酒的鼻祖，《酒誥》中提到了酒的發明，是杜康在剩飯剩菜中聞到了酒的香氣，經過研究，掌握了釀酒的方法，釀造出了「秫酒」。由此可見，早在夏朝，酒文化就已經存在了。

商周時期，青銅器曇花一現，在當時就有專門用來飲酒的器具，例如爵、角、斝、觚、兕觥等。那時喝酒的風氣盛行，朝廷貴族都沉迷不已。紂王建造酒池肉林，每天飲酒作樂不問政事，《詩經·國風·七月》裡寫道：「九月肅霜，十月滌場。朋酒斯饗，曰殺羔羊。躋彼公堂，稱彼兕觥，萬壽無疆。」百姓間的慶祝宴席，也開始有了酒的身影。

到了春秋戰國時期，喝酒開始伴隨著政權，有了等級分化。簡而言之，就是統治者高高在上的心理開始作祟：天子喝酒，怎麼能和普通人一樣？於是規矩出來了，《禮記·玉藻》中寫道：

凡尊必上玄酒，唯君面尊，唯饗野人皆酒，大夫側尊用棜，士側尊用禁。

百姓表示：好吧，你是老大，你說了算。

秦漢時，因為經濟發展，酒被研發出了更多的功能和用途——醫療。

「屠蘇酒」據說是由名醫華佗發明的，需將大黃、白術、花椒、烏頭等中藥浸泡在酒裡，而大黃有排除滯濁之氣的功效，白術能健胃解熱，烏頭能溫養臟腑，對人體十分有益。屠蘇酒一般是在正月初一過年時飲用，王安石曾寫道：「爆竹聲中一歲除，春風送暖入屠蘇」，講的就是屠蘇酒。

每逢節日，飲酒也開始成為習俗。菊花酒顧名思義，以菊花釀造，是在九月九日重陽節必飲的一種酒，也被稱為長壽酒。《西京雜記》中記載：

漢高祖時，宮中每逢九月九日，佩茱萸，食蓬餌，飲菊花酒，令人長壽，菊花舒時，並采莖葉，雜黍米釀之，至來九月九日始熟，就飲焉。故謂之菊花酒。

魏晉時期民風開放，飲酒之風更盛，上層的名流幾乎都已經離不開酒了。「曲水流觴」是當時文人墨客崇尚的活動，所有人都坐在河邊，上流的人將裝了酒的杯子放進河水，酒杯隨水而流，若是停在某人的面前，他就要將那杯酒喝掉，並且即興賦詩作文，一來可以促進好朋友之間的交流，二來也能去除晦氣。

此外，有看過武俠劇的，想必對這樣的場景很熟悉：大俠走近客棧，把長劍往桌上一拍，對忙碌的小二一喊：「小二，來一壇上好的女兒紅！」很快就會有一壇酒——「女兒紅」端來。

女兒紅在古代是確實存在的，這是一種糯米酒，之所以叫這個名字，和它背後的故事有關。《南方草木狀》中記載：「女兒酒為舊時富家生女、嫁女必備物。」相傳，紹興有個裁縫，在妻子懷孕後十分高興，便釀了幾

壇酒，準備孩子出生時用來款待親友，結果沒想到妻子生了女兒，裁縫重男輕女，便沒有將酒取出。等十幾年過去了，女兒也成家了，老了的裁縫才想起來當年埋的那些酒，把它們挖出來宴請賓客，於是大家就管那酒叫「女兒紅」。而自那以後，鄰里間就有了「生女兒埋酒、嫁女兒取酒」的習俗。

自唐宋起，酒文化進一步發展，文人墨客嘗到了喝酒的樂趣，同時也身體力行地豐富著酒的意義。酒能消愁，是它對世人最深遠的一種影響。詩詞裡能看到駐守邊關的將士喝酒思鄉的身影，也能看見江邊古亭懷才不遇、壯志難酬的蕭瑟身影。酒可以是想說卻不能說的情思，也可以是鬱鬱難解的哀愁。酒被賦予了千萬種涵義。

明清後，酒文化繼續發揚，直到現代依然熠熠發光。逢年過節，心裡高興，喝點小酒；恰逢人生大事，圖個好彩頭，要請鄰里親朋開心開心。直到現在，我們都還保留著這樣的習俗，伴著不同的心境，小酌一口，舒心怡情。

酒，著實是個好東西呢！

參考文獻　《尚書·周書》、《南方草木狀》、《西京雜記》、《禮記》

樓上的酒鬼
我們不宿醉
我們只喝茶

俗話說「小酌怡情，大飲傷身」，喝酒這事啊，控制得好沒事，一旦上癮了就容易糟。

如果你是對自己沒什麼信心、又總想喝點什麼來打發無聊的人，這裡有個好東西推薦——茶。

喝茶，既能解口裡乾澀沒味的饞勁兒，又有提高免疫力、減肥瘦身的保健功效，還不會令人發酒瘋，可以說是一等一的飲品了，中國的製茶歷史悠久，古人都愛喝呢！

傳說，中國最早飲茶的人是神農氏，《茶經》中記載：「茶之為飲，發乎神農氏。」雖然具體已不可考，但確實可以側面證明，中國人開始喝茶，確實是挺早就有的事。

商周時，茶酒已經是貴族的貢品了，一般人還吃不到。晉代常璩的《華陽國志》就記載，在周武王時期，茶已經是作為進貢的貢品了。

可能是因為茶太好喝，也可能是由於茶的產量上升了，秦漢時，《僮約》中就有這麼兩處記載：一處寫道「武陽買茶」，說明茶在當時已經能在集市上購買到了；而另一處則寫「烹茶盡具」，說明喝茶已經開始配備專門

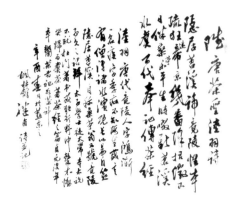

《煮茶圖》

的用具了。可見茶已慢慢地走進人們的生活之中。

到了南北朝時期，「茶宴」忽然興起。社會上開始流行起飲茶，並且以此為樂，甚至還專門舉辦了喝茶的小型宴會，以茶代酒，宴請賓客，說說家常、聊聊天，好不美哉。山謙之的《吳興記》中也記載，吳興每年都會和毗鄰的太守舉辦茶宴。

而茶宴真正興盛起來，是在唐宋時期。與茶相關的技藝與藝術同時蓬勃發展起來，老百姓紛紛開始種茶，學習烹製茶葉；文人開始將流行的茶文化編纂成書，《茶錄》、《東溪試茶錄》、《品茶要錄》紛紛現世，其中陸羽的《茶經》更被譽為茶的百科全書，宋朝皇帝趙佶也親自寫了一本《大觀茶論》，足以見得茶文化有多流行。

有茶喝了，作為禮儀大國，人們又開始琢磨，隨隨便便喝茶是不是太粗鄙了呢？要怎麼文雅一點才好呢？於是，茶道誕生了。

《茶經》裡記載了唐朝的一種煎茶方法──煎茶道。文中從備器、選水、取火、候湯、習茶五個環節，介紹了準備泡茶所需要的器具，以及如何挑選合適的烹茶之水、火候如何掌握、如何沖茶，以及如何品茶等等工序，十分詳盡。而後，宋朝逐漸發展出了「點茶道」，明清時更有「泡茶道」，將茶道文化進一步推廣發揚，甚至還傳到了大海彼岸的日本。

茶道的興起，將茶又推到了一個新的高度。

《封氏聞見記》中記載，「喝茶」已經成了一種文化，王公貴族們不僅品茶，還時常一起談論茶道、討論煮

《茶經》（局部）

茶、煎茶的方式，以及製作了各種茶具。

喝茶好像一下子有了……精神。

「以茶可行道，以茶可雅志」，茶融入了華夏文明中，就像酒一樣，不僅能喝，還可以寄託情感，可以抒發情懷，賦予不一樣的獨特意義。著名詩詞如蘇軾的「休對故人思故國，且將新火試新茶」、陸游的「矮紙斜行閑作草，晴窗細乳戲分茶」、白居易的「琴裡知聞唯淥水，茶中故舊是蒙山」等。茶文化，和古代的文人是密不可分的。

「別茶人」指的是十分擅長鑒別茶好壞的人。「不寄他人先寄我，應緣我是別茶人」，你們能猜到這個別茶人指的是誰嗎？沒錯，就是白居易。白居易特別喜歡喝茶，覺得自己喝出了境界，是獨一無二的鑒茶高手，因此也十分不謙虛地給自己取了「別茶人」這個名號。

還有蘇軾、陸游、鄭板橋……等人，也都是嗜茶狂人，不僅愛喝，還愛寫，沒事就把喝茶感悟往詩裡寫，沒感悟

的時候就寫寫悠哉悠哉的心情，相當愜意。

我們現在喝茶，有很多種選擇，綠茶、紅茶、黑茶、烏龍茶等，隨處都可以買到。商場裡時常能看到各式各樣的名品，其中有很多都是從幾千年前慢慢演變、流傳下來的。

「廬山雲霧」是綠茶的一種，最早起源於漢朝，在宋朝時，甚至被列為當時的「貢茶」，可見地位之高、味道之好。世人常用「六絕」來形容這種茶，「條索粗壯、青翠多毫、湯色明亮、葉嫩勻齊、香凜持久、醇厚味甘」，讓人看著都饞。

普洱茶早在三千多年前的周朝就有了；祁門紅茶則可追溯到唐代，是紅茶中的極品；湧溪火青是一種珠茶，在明朝時期就有了，到了清朝，同樣憑藉自身的努力，成為了貢茶的一種……

說實在的，細數下來，古代流傳下來的好茶真的很多，近代新產的茶也有崛起之勢，唾手可得的資源都在這兒了，還喝什麼酒？

別宿醉了，快來喝茶吧！保證不會讓你失望的！

參考文獻　《大觀茶論》、《茶經》、《華陽國志》、《封氏聞見記》

喝什麼酒？
來喝茶！

宋五嫂魚羹

推薦指數：★★★★★

推薦人：**宋五嫂**

皇帝吃了都說好！

這個市井小吃可說是紅遍天下，別的不說，就憑它是皇帝親自推薦的。

據傳，宋高宗某日乘著龍舟遊西湖，期間遇到了一位賣魚羹的婦人，他聞著魚羹飄香四溢，便立即買來品嚐。魚羹滑美鮮嫩，令宋高宗大加讚賞，又聽聞婦人身世淒涼，不禁決心替她打個廣告。

話雖如此，但作為一個吃貨皇帝，好吃才是硬道理。據說，魚羹選用的是新鮮鱸魚，加入蔥花紹酒清蒸，全熟後褪去皮骨，魚肉加清湯小煮，再加入冬筍絲香菇絲和火腿。煮開後用澱粉勾芡，攪拌均勻後甩入蛋液，一碗鮮美的魚羹就出鍋了。工序稍有繁複，但勝在美味。

後人有詩云：「一碗魚羹值幾錢？舊京遺制動天顏，時人倍價來爭市，半買君思半買鮮。」

難道這就是傳說中的排隊名店？

輞川小樣

推薦指數：★★★★★

推薦人：**梵正**

確認過眼神，是我吃不起的菜。

這道菜仿佛在赤裸裸地說，身為一個人，必須要見過它一次。對，是見，不是吃。它精緻到讓人懷疑，一千年前，五代十國時期的女僧——梵正做這道菜的目的，是為了被載入史冊。否則怎麼會開發出這樣前無古人、後無來者的東西？

輞川小樣，又稱輞川風景拼盤。千萬不要以為它是一道普通的拼盤。這是梵正用膾、肉脯、肉醬、瓜果、蔬菜等原料，並以王維畫筆下輞川別墅的二十幅風景圖為範本，所雕刻拼製而成的。盤中有畫，畫中有詩。注意！不是 2D，是 3D ！

《清異錄·饌羞門》中記載：「比

丘尼梵正，庖製精巧，用鮓膾脯，醯醬瓜，黃赤色汁成景物，若坐及二十人，則人裝一景，合成輞川圖小樣。」

不要以為《輞川圖》很簡單，據《藍田縣誌》描述，其「山谷鬱盤，雲水飛動，茂林修竹，奇石怪樹，庭園館舍，無一不精」，可謂是「寫盡人間山與川」。

這樣考驗刀工、心思、文學修養的菜品，哪裡還捨得吃？要不是容易壞，多少人得把它當傳家寶供起來。就這個創意，給五顆星都嫌少。

蕭美人點心

推薦指數：★★★★

推薦人：**袁枚**

妙手纖和粉月，搓酥粉拌擅奇珍，
自從香到江南日，市上名傳蕭美人。

前有宋嫂魚羹在前，後有梵正的輞川拼盤緊隨其後，那蕭美人家的美人，不，點心，又會拿到什麼樣的成績呢？

這菜最開始出名的是前三個字——蕭美人，年少時真是美得驚豔。即使徐娘半老，也是風韻猶存。而說到她家的點心，就得提到一個人——袁枚。

翻開清代著名的美食大師袁枚的《隨園食單》，可以看到他對蕭美人點心的評價：「儀真南門外，蕭美人善製點心，凡饅頭，糕，餃之類。小巧可愛，潔白如雪。」

看袁枚如此懶得浪費筆墨，約莫是覺得這點心一般般吧——直到他偷偷派人徵購蕭美人家的八種點心共三千件，船運回南京，逢友必送，光是江蘇巡撫奇豐額就收到了一千件——這……是妥妥的鐵粉啊！

但袁枚的行銷方式畢竟太特殊，不久之後，乾隆皇帝就聽到了風聲，立刻入手了兩千件，分給妃嬪親王品嘗，大家都說好。於是乾隆爺大手一揮，以後這就是皇家貢品了。

蕭美人半生清苦，為了維持生計，才不得已在年紀輕輕時，就在市井擺賣糕點養家，晚年終得老天垂青，可以安心度過。

而當年收到袁枚點心的江蘇巡撫，亦作詩一首，以此答謝：

酒冷燈昏夜未央，山人忽餉美人香。
三千有數君留半，八種平分我盡嘗。
山月不催人影去，江風猶傍指痕涼。
紅綾捧出饒風味，可似真州獨擅長。

古代網紅美食推薦

陶方伯十景點心

推薦指數：★★★★★

推薦人：袁枚

> 吃孔方伯薄餅，而天下之薄餅可廢；
> 吃陶方伯十景點心，而天下之點心可廢。

　　薩制軍曾說過，吃過了孔方伯家的薄餅，那全天下的薄餅都沒有必要去吃了；吃過陶方伯家的點心，那全天下的點心都沒有必要去吃了。

　　每年年節的時候，陶方伯夫人都會親自做點心，用的都是山東飛麵，共十種，顏色不一，奇形怪異。

　　這款點心比較甜，適合喜歡吃甜的人，每年去買的人都快把他們家門檻給踏破了。

　　當然，美食部落客袁枚也熱情地推薦過。不過可惜的是，自從陶方伯去世後，十景點心的製作方法就失傳了，成為了美食界的《廣陵散》。真是太可惜了。

古代網紅美食推薦

董菜

推薦指數：★★★★★

推薦人：**董小宛**

董菜不是菜，是一種態度。

你一定聽說過中國的川菜、粵菜、浙菜等八大菜系，那你聽說過「董菜」嗎？

董菜，是董小宛獨創的一種菜系。之所以沒有提到具體的菜名，是因為她的每一道菜，甚至零食，都是精品。如果說之前的網紅小吃外形、口味各占鰲頭，那她的菜肴就是集兩者於一身，不僅色香味俱佳，還養生保健。歷史記載董小宛的自製佳餚：

醉蛤如挑花，醉鱘骨如白玉，油鯛如鱘魚，蝦松如龍順，烘兔酥稚如餅餌。

我們常常能看到電影中的神廚，即使是用最普通的食材，也能燒製出最不普通的味道，而董小宛正是這個理論的實踐者。

她的佳餚工序總是非常精細，比如最富盛名的「虎皮肉」，又稱董肉、跑油肉。製作的大概過程，是先把肥瘦均勻的帶皮肋條豬肉切成長方形，多次入水加酒煮至八分熟，接著趁皮熱時抹上糖色，進熟花生油中煎炸至紅色後，再冷卻切成薄片，最後再加醬料蒸至酥爛，濃湯勾芡並用爆炒綠蔬圍繞。據說，此肉「肥而不膩，鹹中帶甜，酒味馨香，虎皮縱橫，醇香味美」。

到了炎熱的夏季，董小宛則會將瓜果榨汁，用慢火加細糖精煉。她常常獨自坐在火爐邊監看，控制火候。這種「董氏果凍」色如琥珀，入井冰鎮

後，清涼爽口。

那麼，平時無聊看書又想吃點什麼的話呢？這就要大名鼎鼎的網紅零食——「董糖」上場了。

作為當年被瘋狂推薦的零食，這必須入手！據說這是用上等白麵、飴糖、去皮芝麻、果仁、玫瑰和桂花所製作的酥糖。入口易化，老少皆宜，甚至暗含漱口水的功效，吃一口便滿口留香。

有一年，抗清名將史可法路過時，董小宛親自製作這樣點心款待貴賓，並且多做了兩箱酥糖，請客人犒勞將士，史可法離開時連忙道謝：「此去揚州，如能獲勝，必派人來學做此糖。取名董糖，遍饗全軍。」在《崇川咫聞錄》中也記載：「其精美，首推董糖，冒巢民妾董小宛所創。」

有射箭可以射到幾百公尺遠的人嗎？我不信

說起射箭，大家的第一反應肯定是物理攻擊的冷兵器。作為一個兵器，怎麼就成了最受古人喜歡的運動之一了呢？這我們得從頭說起。

古人一開始打仗時，用的都是刀、槍、劍、戟、斧、鉞、鉤、叉等近戰武器。清一色的半貼身肉搏，全靠純天然人工續航。

而遠攻的武器就差很多了，只有彈弓、扔石頭，簡直就像「憤怒鳥」。可惜這些武器的準度都很差，本來要砸李老頭的玻璃，結果打翻了孫大娘的酸菜缸。要是用到軍事上，一隊人馬基本上就完蛋了。

傳說中，炎帝和九黎氏族相約打架時，炎帝部落有個叫少昊的小哥，喜歡做科學研究。某天，他去小溪邊溜達，突然被一根有彈性的樹枝抽了一下。他忍住了砍樹的衝動，拿著樹枝研究起來，發現如果在兩端綁上繩子，再用另一根直樹枝放到中間，一拉一送不僅能射出去，還能瞄準目標。

炎帝一看，開心地表示：「呵！牛啊！」於是立刻下令好好研製弓箭，投入生產。

漢朝劉熙曾在《釋名·釋兵》中，對弓有過詳細的描述：「弓，穹也，張之穹隆然也。其末曰簫，言簫梢

也；又謂之弨，以骨為之滑弨弨也。中央曰撫，撫也，人所撫持也。簫撫之閒曰淵，淵，宛也，言宛曲也。」這便是投入生產的成品弓的外貌。

而后羿去工廠拿起來一瞧，哇，這裝備簡直是為我量身打造的啊！正好天上太陽多，走！射日去！於是就有了著名的「后羿射日」的故事。

這下子，弓箭開始紅了。

紅到什麼程度呢？春秋戰國時期，它已經成了冷兵器之首。畢竟遠攻可以射之，近戰可用箭扎之，部隊露營弓能為弦，改善伙食兼能做串燒，簡直是十項全能。

面對如此神器，別提古人有多喜歡了，不僅在打仗時用，還把它列入了六藝，《周禮・保氏》中寫道：「養國子以道，乃教之六藝：一日五禮，

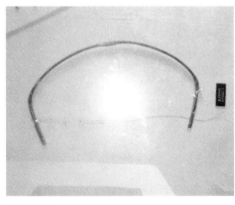

滿清弓箭

箭頭

二日六樂，三日五射，四日五御，五日六書，六日九數。」

不論是在國君會盟，還是各類宴會上，「射」都被當成是一種禮儀。像我們熟悉的當代紅人——孔子、荀子等人，沒事都喜歡射射箭，陶冶一下情操。

他們這種玩法，稱為「文射」，畢竟文人雅士射起箭來，怎麼能和凡夫俗子一樣呢？他們認為射箭是高雅的、藝術的、互相謙讓的，要有禮有義才行。

《一箭雙鹿圖》

所以當時的射箭活動是要有酒的，不僅有酒，還要有奏樂。大家邊射箭，邊隨著韻律搖擺喊麥：「兄台，好箭、好箭！」

到了後世，文射越發講究，從明代王陽明所著的《觀德亭記》中可見一二。

「君子之於射也，內志正，外體直，持弓矢審固，而後可以言中。故古者射以觀德。」不僅儀容著裝要得體，射的時候要有自己的態度，還能從射箭中看出你的人品道德。

相比之下，武射就沒那麼多要求了，管你是穿衣服還是裸奔，有沒有BGM，只要箭法好，就是你厲害。部隊或民間的比賽也都是自行舉辦，沒有什麼專業性可言。可比起文射，武射雖無章法，卻十分恐怖。

像我們現在的弓箭愛好者，一般是開三十公斤的弓。而根據宋應星在《天工開物》中的敘述：「上力挽一百二十斤，過此則為虎力，亦不數出。」古代軍中的標配是六十公斤，強健者能開七十公斤左右的強弓，更高者統稱為「虎力」。也就是說，我們一般人去開古人的弓，不僅拉不開，還容易把自己射出去。

李廣曾在夜間以石為虎，能把箭沒入石中，從此封神。強弓的威力，可見一斑。

武射不僅對力氣有要求，對準度的要求更為苛刻。除了百步穿楊的養由基，紀昌也是另一個教科書般的代表。

紀昌師從飛衛，學了一手盯蝨子的好功夫，能把蝨子看成車輪大。後來他翅膀硬了，自己單飛，想成為全國第一，便決定除掉飛衛。終於有一天，兩人在野外相遇，於是舉行了一場小型擂臺賽。

沒想到，兩人射出的箭皆在空中相撞，掉落在地。最後飛衛的箭射光了，只得用路邊荊棘的尖刺去擋紀昌的最後一箭，竟分毫不差地擋了下來。

這場比賽的結局，是兩人在大馬路上相擁而泣，認為父子，並彼此發誓再也不把這種技術傳給任何人。這個

故事告訴我們……在古代參加射箭比賽時，多帶一支箭，出門好相見。

到了魏晉南北朝時期，射箭活動就不像原來那樣小打小鬧，瞬間專業了起來，變成了大型高級射箭賽事，而且有了世界上第一場獎盃賽。

《魏宗室・常山王遵傳》中記載，北魏孝武帝在洛陽舉行了一場比賽。他把一枚能容兩升的酒杯掛到百步外，讓十九個參賽運動員進行射箭，誰射中了，獎盃就歸誰。

嗯，所以叫「獎盃賽」。如果當時他選的是黃馬褂，我們就有了世界第一場「黃馬褂賽」，簡稱「黃馬」。

除了他，其他皇帝們也都很喜歡射箭。《左傳》中曾記載：「春蒐，夏苗，秋狝，冬獵。」這是每個季度君主都要做的事情，並且從先秦開始，一直被後世所延續。別看這有四個詞，其實說白了就是一個意思——狩獵。每個季節都要射箭打獵，不射不行，是老祖宗的規矩。

所以在古代影視作品中，經常出現宮中狩獵、射箭等活動就不奇怪了，畢竟皇上喜歡，還可以藉著體育活動的理由，去郊郊遊、踏踏青，順便救個紫薇和楚喬。

在民間，哪家哪戶要是生了男孩，也會在門口掛一張弓來辟邪、許願，以期冀男孩長大後可以身強力壯、驍勇善戰。

由此可見，射箭在古代人們的生活中有多重要，可謂老少皆宜，是社交活動、宮廷表演、居家旅行的必備良品啊。

Sharpshooter

那些傳說中的大力士

在中國古代，舉重是人民喜聞樂見的一項體育運動。現在就按照時間順序，給大家介紹幾位舉重界的老大。

撫梁易柱：帝辛

帝辛，也就是我們熟知的暴君殷紂王，商朝末代君主。

帝辛可能是歷史記載中最早的舉重表演藝術家。只不過他舉的不是鼎，更不是槓鈴，而是房樑。

西晉皇甫謐在《帝王世紀》中記載：「帝辛能倒曳九牛，撫梁易柱。」

好嘛，能倒拉九頭牛，還能托起房樑換柱子，這暴君還真不是一般厲害。

力托城門：叔梁紇

春秋時期，魯國有位虎將，名叫叔梁紇。提起他，可能知道的人不多，但他的兒子你一定很熟悉，那就是——孔子。

話說西元前五六三年，晉國聯絡魯國等幾個諸侯國偪，共同出兵去討伐一個小國，叫作偪陽國。叔梁紇作為一名魯國將領，也隨軍出征。

諸侯聯軍包圍偪陽，偪陽人使了個計策，大開城門，誘聯軍進城。聯軍亂哄哄地衝進城去，偪陽人卻突然將城門放了下來。

聯軍的隊伍眼看就要被攔腰截斷，首尾不能相顧，正在這危急關頭，叔梁紇站了出來，他雙手一用力，硬是把迅速下墜的石門給托了起來，已經進城的聯軍這才得以全身而退。此舉也讓偪陽人在城上看得目瞪口呆，連追擊都忘了。

順帶一提，虎父無犬子，孔子也不只是我們印象中溫文爾雅的老教師形象，據《呂氏春秋》記載：「孔子之勁，舉國門之關，而不肯以力聞。」

國門之關就是諸侯國都城門的大門栓，孔子能把數丈長的大木栓舉起來，也算得上是個舉重高手了。

扛鼎絕臏：嬴蕩

戰國時期的秦武王嬴蕩，重武好戰，特別喜歡跟人比賽角力。說白了，就是力氣大，還愛顯擺。

據《史記·秦本紀》記載，西元前三〇七年，嬴蕩率領秦軍東征西戰，到了周朝的宗廟裡，看到了九個大鼎，欣喜若狂。

當年夏禹收集九州之銅，鑄成九鼎，重數千斤，用以代表周王室的權威。後來的「楚莊王問鼎」事件，以及成語「一言九鼎」，都是在說這九個鼎。

嬴蕩看到傳說中的九鼎，老毛病就犯了，非要拉著手下幾個大力士比賽舉鼎。結果嬴蕩力不從心，手一滑，鼎掉了下來，把他的腿給砸折了。

他被下人抬回去養傷，當天晚上就死了。享年二十三歲。

力能扛鼎：項羽、劉胥

項羽就不用多介紹了，秦朝末年大名鼎鼎的西楚霸王，曾說自己「力拔山兮氣蓋世」，是舉世無雙的大力士。在《史記·項羽本紀》中，是這麼形容項羽的：「長八尺餘，力能扛鼎，才氣過人」。

另外，漢武帝劉徹的四子劉胥也是個大力士，比項羽差不了多少。《漢書·卷六十三》中記載：「胥壯大，好倡樂逸遊，力扛鼎，空手搏熊羆猛獸。」

當然了，他們舉起的鼎不是夏王室的九鼎，所以與嬴蕩沒有可比性。舉鼎這項運動在春秋戰國時期，還是嬴蕩這種冒失的莽夫用來自娛自樂的小眾遊戲，而且一次都沒玩完就死了。到了秦漢時期，舉鼎已經逐漸普及，「力能扛鼎」幾乎成為一個大力士的衡量標準。

運甓習勞：陶侃

這位大哥的舉重方式非常特殊，來隆重介紹一下：陶侃，東晉著名儒將，同時還是田園詩創始人陶淵明的曾祖父。

《晉書‧列傳第三十六》記載，陶侃在家賦閑的時候，每天早上都把上百塊磚從書房搬到院子裡，一到傍晚又把這些磚搬回書房，忙得不亦樂乎。

街坊鄰居表示有點慌：「您這是在家裡蓋城堡呢？還是打造什麼秘密武

器呢？不會傷到我們吧？」

陶侃哈哈一笑：「健身而已！我打算將來帶兵收復中原失地，家裡太安逸，我怕自己疏於鍛煉，所以用搬磚來代替舉重，磨練意志。」

哇喔！原來是搬磚界的鼻祖，佩服、佩服。

怒投石獅：汪節

唐朝出現了武舉考試，考試內容除了騎馬射箭之類，還有舉重。舉重器材是一種特製的木杖。與此同時，民間也出現了很多舉重類的娛樂專案，在很多文人筆記中都能找到記載。

據《歙州圖經》記載，績溪縣太微村有個叫汪節的人，天生神力。他到長安參加武舉考試，路過東渭橋，橋邊有個石獅子，重有千斤。他便跟橋上眾人打賭：「我能把它拎起來，扔到一邊去。」

圍觀八卦的群眾紛紛表示不信，於是汪節輕輕一提，石獅子就離了地。他用力一拋，忽地一聲，石獅子就飛出去一丈多遠，把大家都嚇傻了。

把石獅子拋出去後，汪節拍拍巴掌，就繼續趕路去了。圍觀群眾怕惹出亂

子，急忙要把石獅子搬回原位，結果幾十人喊著口號一通忙活，根本就抬不起來，只好又追上汪節，請他回來把石獅子移回原處。

汪節的神跡傳遍京城，還上了長安小報的頭條新聞，知名度迅速飆升。他不久後就入選禁軍，後來更被任命為神策將軍。

某天，唐德宗李適要求汪節表演神力，於是汪節又露了一手。他俯身跪在地上，背上放一個大石碾，碾上放個兩丈見方的木板，木板上又放了一張床，讓來自西域龜茲國的一個交響樂團全都坐在床上，演奏樂曲。

一曲終了，把東西撤下，汪節氣不長出，面不改色。滿朝文武都驚為天人。

拋耍石墩：武松

宋朝，民間最常見的舉重項目就是舉石墩子了。比如《水滸傳》裡，施恩要請武松幫自己奪回快活林，但不知武松身體恢復得如何。武松就地找了個四五百斤的石墩子，表演了一番。原文如下：

武松便把上半截衣裳脫下來，拴在腰裡，把那個石墩只一抱，輕輕地抱

將起來。雙手把石墩只一撇，撲地打下地裡一尺來深。眾囚徒見了，盡皆駭然。武松再把右手去地裡一提，提將起來，望空只一擲，擲起去離地一丈來高。武松雙手只一接，接來輕輕地放在原舊安處。回過身來，看著施恩並眾囚徒。武松面上不紅，心頭不跳，口裡不喘。施恩近前抱住武松便拜道：「兄長非凡人也！真天神！」眾囚徒一齊都拜道：「真神人也！」

這是宋朝舉重項目中一套完整的常規動作。唐宋時期的舉重，基本都是舉石墩、石鎖，而且動作上是提舉和拋擲結合在一起。到了明清時期，變化也不大。

本期的「古代舉重表演藝術家」鑒賞欄目就到這裡，感謝大家收看。

水滸傳

讓我們一起策馬奔騰

活得瀟瀟灑灑

　　在奧運的馬術比賽上，參賽者颯爽的英姿，是不是很讓人熱血沸騰？讓人也想在藍天白雲之下、綠茵草場之上，瀟灑恣意地策馬飛奔呢！可惜在現代社會的鋼鐵叢林裡，別說騎馬了，很多人連馬都很少見到。就算有馬，還得有片可以放縱奔跑的草原啊，不然縱馬上街，可是會被警察攔下，對你 say stop 的。

　　那是不是在古代就好一些呢？那當然了！古時候的一匹寶馬，可真就堪比現在的「寶馬」，可謂賽馬如飆車。還有大型團體對抗賽的馬球比賽，和花樣炫技的馬伎表演，可謂是種類繁多，熱鬧非凡。現在就讓我們談一談這項在古代火熱非常的體育運動吧。

　　說到馬術運動，第一個想到的就是

賽馬了，簡單、易懂又好操作。古時候的賽馬又稱「走馬」、「馳逐」。想必大家聽到過最早的關於賽馬的故事，就是「田忌賽馬」了。

到了魏晉南北朝時期，這種普通的競速比賽已經不能滿足廣大賽馬愛好者的需求了，當時因為匈奴、鮮卑、羯的少數民族相繼進入中原，騎術在各民族的交流中有了極大的發展，於是賽馬也多了很多比較有難度的花樣。比如說北魏時期的名將傅永，他就是能手持鞍橋，倒立在馬上馳騁的強人；而他的兒子傅叔偉，則能夠站立在馬上，與人角逐競賽。

而賽馬運動真正規模化起來，則是在由游牧民族建立政權的元、清兩朝。

建立元朝的蒙古人生長在馬鞍間，無論男女老少，皆是騎馬的好手，賽馬更是經常性的體育健身活動，其中規模最大的，則是在祭敖包時舉行的賽馬比賽。

參與這樣一場空前規模的比賽，首先你要有一匹與自己有默契且腳力十足的好馬，如果贏了呢？你的馬會被賜名「阿拉坦薩德勒」，即「金座子」，而你也能得到王公貴族的賞賜及榮耀。但若是輸了，尤其是不幸得了個倒數第一，那不好意思，人家會在你頭上澆新疆酸奶子以示譏笑。不過別生氣，這也是一種激勵，不是嗎？

還有一種，就是在比賽途中遇到障礙，導致馬受傷了不能繼續比賽，在這種情況下，如果能徒步跑回終點，作為對你頑強拼搏、精神可嘉的鼓勵，也能算獲勝的。一直到現在，蒙古族舉辦完隆重的祭敖包之後，都還會舉辦傳統的賽馬、射箭活動。農曆五月十三，不用穿越也能看得到大型草原賽馬，有興趣的人可以親臨現場感受一下。

而同樣作為游牧民族政權的清朝，更是將騎射當做武力的標誌和勝利的象徵，賽馬活動廣泛開展，形成了崢嶸一世的高潮，尤其是康熙時期，每年都要舉辦一兩次規模盛大的賽馬活

動，到時候無論皇子、朝臣甚至是皇帝本人，都會擇馬參賽。不過和元朝的競速比賽不同，清朝流行耐力賽，就是看誰跑得遠，堪稱賽馬場上的馬拉松。法國人白晉著的《康熙皇帝》一書中就有記載，說當時參賽的騎手，有的一氣可跑六、七里遠，每次比賽都會有兩三個人和自己的坐騎一同跑死……儘管如此，人們依舊樂此不疲，可說是非常拼了。

在戰國時期，賽馬在齊國相當流行，田忌與齊王諸公子賽馬，發現自己的馬與諸公子的馬相差甚遠，於是大軍事家孫臏就給他出了個「以下駟對上駟，以上駟對中駟，以中駟對下駟」的主意，果然贏得了比賽，而這種以弱勝強的競技技巧，到現在都非常具有啟迪意義。

如果你覺得賽馬比較單調，既不能玩對抗賽，又不能組組合比賽，缺少一點更讓人血脈賁張的刺激，那你可以選擇「馬球」。

r t s

馬球又稱「擊鞠」、「擊球」，相傳是從波斯，途徑土耳其、西藏傳入中原的。剛傳入唐朝時，唐太宗李世民就非常喜歡看西番人打馬球，但後來又覺得自己作為中原大國的皇帝，學習觀賞西番人打球與身份不符，故而還「焚此球以自誡」。當然，馬球的魅力靠太宗皇帝自醒是阻擋不住的，馬球熱很快就在唐朝風行起來，無論是李賢太子墓和莫高窟的壁畫，還是唐人的詩文，甚至連出土的唐代銅鏡都有專門雕繪打馬球場面的「馬球

鏡」，其盛況可見一斑。

馬球為什麼這麼流行呢？首先是因為打馬球對騎術要求比較高，經常組織馬球比賽，可以有效地提高軍隊的騎術水準。有了這麼一條有利於練兵又冠冕堂皇的理由，唐朝的皇帝便再也不用擔心熱衷馬球運動與身份不符，需要「焚球自醒」，而可以堂而皇之地推廣起來了。「上有所好，下必盛焉」，再加上馬球本身就是一項非常激烈、刺激的運動，於是很快就在唐

代形成了皇室喜好、軍隊重視、文人擅長、婦女也樂於此的可喜場面。

那麼,該如何進行一場馬球比賽呢?正所謂「工欲善其事,必先利其器」,一匹好馬肯定是必須的,然後得有球杖,當時的球杖一般長數尺,端如偃月,繪有彩紋,所以又稱畫杖或月杖,據說長得有點像今天的冰球杆。再來就是要被擊打蹂躪的球了,打馬球所用的球大小如拳,木質鏤空,上有彩繪,因此又被稱為「彩球」或「七寶球」,總之個個華麗。器具準備到位了,還需要隊友、對手,以及圍觀喝采的觀眾。

《杖前飛》一詩中就有對馬球運動的詳細描述。時間是仲春,草木新發,雨後無塵。比賽地點是林間的馬球場,而觀眾則是各界仕女。比賽的隊伍是青隊、紅隊,可以想見這兩隊的選手是怎樣在樓上觀賽的美人喝采聲中昂

然登場的。比賽很快就激烈起來，詩中如此描述：

銀蹬金鞍耀日輝，場裡塵飛馬後去，空中球勢杖前飛。球似星，杖如月，驟馬隨風直沖穴。

打到最後，人的衣服濕了，馬也不停流汗，就問：「需要休息一下嗎？」這群打到酣處的選手們連連搖頭：「不休息、不休息，除非馬乏人睏打不動了，不然還可以挑燈夜戰呢！」

馬球運動在唐朝盛極一時，到了宋朝也不遑多讓，宋太宗甚至專門建立馬球制度，統一了馬球規則，使馬球成為了宋王朝的一項固定比賽制度和隆重的軍禮之一，一直到明清時期，這項運動才開始漸漸走下坡。

除了賽馬和馬球，古代還有一種表現花樣騎乘的馬術運動，被稱之為「馬伎」。馬伎和當代奧運會中彰顯優雅協調，被譽為「馬中芭蕾」的花樣騎術不同。中國古代的馬伎是真的花樣繁多，不僅炫技，還要試膽。

孟元老所著的《東京夢話錄》，就非常詳細地描述了許多當時的馬伎表演。

例如「馬上弄丸」，表演者必須立在奔騰的駿馬之上，左右手拿著球杆玩拋接球，簡直就是一種高難度的馬上雜技啊！

還有像是「拖繡球」，一個人騎馬用紅錦索拖著一個繡球飛奔，其他人則騎馬追逐射之，還得有技巧地射，左曰「仰手射」，右曰「合手射」。

除此之外，還有雙人配合的，有射柳的、耍旗的，種類繁多，不一而足。其中最驚險的，當屬唐人趙璘《因話錄》記載的「軍中透劍門伎」了。文中記載：

軍中大宴之時，庭中設幄數十步，宛若廊宇，編劍插之，劍尖向內，形成一條劍鋒通道，寬窄僅容人馬相合，而騎手在一端立定，然後對準通道，揮鞭策馬，疾馳而過。

這稍有偏差，可就會連人帶馬地被刺成血葫蘆了，可見兇險。

回望這些馬術運動的盛況，是不是讓人感到心潮澎湃呢？雖然沒有現代的奧運會、世界盃，古代的人們還是以自己的方式，瀟灑恣意地活著呢！

誰說高爾夫

只有有錢人才能玩

說到最早的高爾夫，你腦海中冒出的關鍵字是什麼？

一、一群閒得無所事事的貴族，搭配一望無際的草坪和五百平方公尺大的莊園，優雅文藝的古歐洲。

二、書墨濃郁的中國古代，有人聲鼎沸的市井，還有生活樸素的普通人。

如果你選了一，那麼恭喜你──答錯了！是的，不要懷疑你的眼睛，早在很多年前，中國古代就有高爾夫了！

堅圓淨滑一星流，月杖爭敲未擬休。
無滯礙時從撥弄，有遮欄處任鉤留。
不辭宛轉長隨手，卻恐相將不到頭。
畢竟入門應始了，願君爭取最前籌。

從這首唐朝魚玄機的《打球作》中，就能看出一些高爾夫的影子了。只是這時候它還沒發展成高爾夫，而是叫「打馬球」。顧名思義，這是一項結合了打球和騎馬的運動，十分流行，也很適合貴族，沒點銀子和地位的尋常百姓是玩不起的。

後來，為了使這項運動更加平民化，反正重點也在打球，實在沒馬咱們就自己跑唄，於是便有了「步打球」。《資治通鑒·唐紀六十九》中記載：「凡擊毬，立毬門於毬場，設賞格……」大體和現在的曲棍球差不多，有隊員，也有球門。

可變成步打球後也沒有想像中方便，

畢竟還要建門。勞動人民的智慧是無窮的，這點小事怎麼能難住他們呢？

沒有球門，那就設置個球坑（球窩）吧！

你看看，這樣就有高爾夫的樣子了吧！管它是田間地頭還是自家後院，拋個坑就能玩，既經濟又實惠。無處不球場，無時不運動，一天揮一杆，強壯大唐人。

發展到了這個時候，這項運動又有個新名字了，叫「捶丸」。

南宋文獻《揮麈後錄》中寫道：「孟知祥初鎮成都，見蜀人擊球，一棒便入湖子者，謂之猛入。」這裡的「湖子」便是指球窩。大致意思就是說，孟知祥入蜀的時候，看見成都人玩捶丸。可見在晚唐時期，國產高爾夫已經初見雛形。

而根據我們後來的考古發現，在成都市中區唐代地層中，有很多陶球、木球、瓷球……上面都有被捶打過的痕跡。也就是說，當時的捶丸是什麼球都用的，除了鐵球，其他是球就行。

到了宋朝，捶丸開始流行起來，下至黃髮小兒，上至九五至尊，都喜歡玩一玩。

山東泰山岱廟雨花道院翻修馬道的

時候，發現了幾塊宋代的「土襯石」。其上的宋代嬰戲石刻中，有一幅畫便是一童子分腿而立，右手執球，左手執一月形球杖上舉。這就是宋代捶丸的景象。

後來大家嫌這過於直接，玩起來沒意思，竟然還出了彩券。有的人猜輸贏隨便玩玩，也有不少上癮的，傾家蕩產的也不少。不過好在當時民風淳樸，沒有出老千的，也沒有設局騙錢的。

如果說平民百姓玩的是廉價版，那皇上玩的就是公開賽。

在一眾皇帝裡，最出名的玩家就是宋徽宗了，可以說是捶丸的頂級愛好者。先拋開技術不說，光他那一套裝備，就足夠在現在的北京二環買套房，還是精裝級別的。

畢竟是皇帝，人家用的東西就是不一般。據《丸經》記載：

至宋徽宗、金章宗，皆愛捶丸，盛以錦囊，擊以彩棒，碾玉綴頂，飾金緣邊，深求古人之遺制，而益致其精也。

即平時裝球的包是個錦囊，球杆要用金子鑲邊，美玉飾頂，一杆子下去，全是鈔票的味道。

自從入了這個坑，人家平日裡也不幹別的，就琢磨這個球要怎麼才能打得更好，杆要怎麼做才能更好看。就連在國之將亡的時候，他還站在球場上，用力揮下一杆，遙望小鳥進洞。

到了元朝，捶丸已經發展得非常成熟，甚至出現了一本專門論述捶丸的書——《丸經》。

書裡詳細地記載了關於捶丸的大小事宜，比如玩的場地一般都在野外。「地形有平者、有凸者、有凹者、有峻者、有仰者、有阻者、有妨者、有迎者、有裡者、有外者」，簡直是高低起伏，要啥有啥，山峻水阻應有盡有。

此外，書中還記敘了捶丸比賽的三種記分方法，「大籌二十，中籌十五，小籌一十」。如果比賽是大籌，就以打滿二十籌為勝。「倘贏得十九籌，是遺一籌，若以一籌利物不可得矣」，即必須打滿分才能算贏。

待到明朝時，捶丸雖然也有很多人玩，但已經有些不合時宜了。所以如果你愛打高爾夫，一定要回到宋元時期，說不定還能成為古代版的老虎伍茲呢！

大人，我們沒有聚眾鬥毆
我們只是在摔角！

摔角，一個延續了五千年的古老項目，你以為只是打你一頓這麼簡單？

要問摔角是怎麼開始的，要說回到五千年前，一本叫做《述異記》的奇書記載，當時黃帝部落與蚩尤部落進行了一次大戰，蚩尤部落的人搞了一套先進技術，把刀劍一樣的假角戴在頭上，像蠻牛一樣手腳並用，見誰撞誰，所向披靡，誰都打不過。這幫人於是非常自豪地把這種作戰方式稱為「角觝」。

撞著撞著，還怪有趣的，大家就上癮了。獨樂樂不如眾樂樂，以角抵人的戰鬥逐漸變成了大家頭戴牛角兩兩相抵的遊戲，這就是所謂的「蚩尤戲」。到了秦漢時期，一度還搞出了表演賽。《漢武故事》中

反正我有錢啊，首飾一壞也不修了，馬上就找人另做。東西壞得太頻繁，他那頭一想，這頭工匠們也想：反正壞了要浪費，還不如給我，便趁機偷首飾。國庫因此很快就空了，國家也衰敗得差不多了。

而從南北朝時期開始，角觝出現了一個新名稱，那就是「相撲」。

這項被日本人稱為「大相撲」或是「素舞」的運動，是當初在日本允恭天皇的葬禮上，中國特使表演了後，才傳入日本的。相撲時的雙方上身赤裸，下身光腿赤足，只穿一條兜襠短褲，露出一身矯健的肌肉，在巴黎收藏的敦煌唐代寫經上，就能夠看到兩個赤身、著犢鼻褲者相撲的形象。

這時候就有人要說了，摔角這種帶有一定危險性的比賽，萬一打著打著，出人命了呢？事實上，許多史料都對摔角用了「撲殺」這一詞，當時摔角沒有交流技藝一說，一般都是誰死誰輸。

別擔心，為了避免擔負人命官司，

記載，當時在徒手對打的基礎上，還出現了「並四夷之樂，雜以童幼，有若鬼神」的大場面。這種有音樂伴奏，有故事情節的角觝，已經開始脫離武打，步入了戲劇的行列。

自從出現了角觝之戲，摔角的娛樂性和觀賞性就大大地增強了。這時候不得不提一位熱衷於此道的皇帝——三國時期東吳的孫皓。據《江表傳》記載，這位皇帝在歷史上是著名的荒淫無度，他喜歡看後宮的美女們戴上名貴的首飾，然後光著身子摔角。這些純金首飾十分脆弱，又被用來摔角，常常是早上打造，晚上就壞。孫皓一想，我是皇帝，

這時候就要來說說宋朝人想出來的好辦法：要想打比賽，先立生死狀。

立了生死狀還不夠，畢竟大家都怕死，有些人就千方百計地想作弊。當然，魔高一尺，道高一丈，宋朝人先是給摔角比賽設了個裁判，起名「部署」。接著在比賽開始之前，還要宣讀被稱為「社條」的比賽規則。在《水滸全傳》第七十四回中，燕青與任原的摔角競賽就提到了這一規矩。

當比賽要開始時，部署要先喊社條：「上半身都給我脫光！看誰給我藏暗器！」光脫掉上衣還不夠，還要在場上走一圈，向看客們致意：「老爺們，我真的啥也沒帶啊！我要是帶暗器，我就是您孫子！」這還沒完，簽完生死狀，部署最後還要警告一下：「誰敢玩陰的，哼！你們自己看著辦！」

作為宋朝最熱門的大眾體育運動，臨安城還設有一個專門的相撲擂臺，供全國各州選手進行有獎競賽，這個比賽規格非常高，只有「臂力高強、天下無對者」，才有可能獲勝。當然，獲勝的獎勵也很不菲，大筆的獎金和獎盃錦旗，足以讓選手們滿懷豪情地競相角逐。

說到這，可不要看不起摔角。摔角也可以當狀元的！

到了宋代，相撲受到宮廷的熱烈追捧，風靡程度比以往更甚。司馬光的《涑水記聞》中記載，大宋開寶八年，宋太祖趙匡胤開科選仕，排名最前面的兩位是王嗣宗和陳識，這兩個人文章都寫得很好，狀元遲遲定不下來。想了想，宋太祖就把他們倆喊上殿來了。

「皇上萬歲萬歲萬萬歲！」兩人上來先跪，和皇上一通寒暄。

皇帝說：「這卷子我判不了，既然大家都說文武雙全，我有個主意，你們打一架吧！」

皇帝本來只是想羞辱一下他們，結果兩位狀元也沒什麼心眼，一臉茫然地就打了起來。

主考官一看不對，馬上跪下：「陛下！選狀元又不是鬥蟋蟀，也不是鬥雞，成何體統！」

皇帝瞥了他一眼，沒理他，笑嘻嘻地看王嗣宗把陳識撂倒了，就給他點了狀元。

皇帝走遠了，主考官還跪在那呢。最後王嗣宗把恩師扶了起來，老頭「哇」地一下就哭了：「今天摔角定狀元，天下讀書人的臉都丟完了！」

王嗣宗一臉尷尬地打起精神來回答他的老師：「雖然我是靠摔角上來的，但學生的本心還在，會做個好官。」

這番話很快就傳到皇帝耳裡，他非常高興地想：「這小子可以啊，胸有大志。」不出所料，後來這位「手搏狀元」果真成為了大宋朝的棟樑，歷經太祖、太宗、真宗三帝，一度官至宰相。

順帶一提，傳統的相撲選手是有女孩子的，官方表演也有。她們穿著內衣進行摔角，著裝火辣，身形曼妙。

當初北宋有一年元宵節，以女相撲表演開場，宋仁宗十分高興，「賜予銀絹」，結果在場有位保守人士就有小情緒了。十天後，這位叫司馬光的官員上了一道《論上元令婦人相撲狀》，說皇帝「後妃侍旁，命婦縱觀，而使婦人裸戲於前」。明裡暗裡地提醒皇帝，這聚眾表演有傷風化，不能行。從此，女相撲就不再登堂，只在民間的瓦舍勾欄裡才看得到了。

元代摔角的盛行簡直是理所當然。元朝王室起於擇水草而居的剽悍北方遊牧民族，騎馬、射箭和摔角，這三項活動被稱為「男子三項競技」，是他們推舉部落聯盟首領的標準。

元代的摔角盛行到什麼程度呢？就連皇室的公主也極擅摔角。

當初馬可孛羅在《海都女之勇力》中寫了一個蒙古族公主靠摔角擇婿的故事。海都王有個女兒叫明月公主，長得很漂亮，但性格非常要強，摔角功夫一流。

公主從前說，我的心上人是個蓋世英雄，所以他必須得打得過我，否則我永遠不嫁人。結果她太能打了，導致她雖然美貌無雙，卻還是一直待字閨中。

最後，終於有個英俊的貴族王子不遠千里慕名而來，帶著大隊侍從和大批良馬前來求婚。女兒出嫁有希望了！海都王高興極了，和大臣們都勸公主千萬別錯過這天賜良機，只要輸給這位俊美的王子，以後妳就是他的人了！沒想到明月公

主非常正直，最後還是將這位求婚的王子摔倒在地。

在清代，作為王室的滿族也是十分重視摔角的。清代摔角的形式，實際上有兩種：一種叫「布庫」，是從女真人騎馬打仗的「拔裡速戲」中發展出來的。布庫由兩個光著頭、身穿白色窄袖短上衣、腳蹬黑色直統靴的人伺機等待，伸腿伸胳膊互相扭絆，誰摔倒了，另一個就算贏，贏的人會被賜予平時喝不到的美酒，這就是滿蒙的民族式摔角。

另一種則叫「厄魯特」，是清政府和王室聯絡感情時用的，不僅要把對方摔倒，還必須按住對方的腦袋，使其雙肩著地才算取勝，誰贏了，就有羊肉羹吃。

摔角在這個時期，作為軍事訓練，在八旗軍中經常開展布庫比賽。根據清王室愛新覺羅．昭槤所著的《嘯亭雜錄》記載，由於內衛的布庫高手沒一個能打的，於是禮親王的兒子，剛滿二十歲、力大無窮的惠順王還曾假扮侍衛和前來挑釁的蒙古使臣決鬥，只一招就讓剛剛還在囂張的對手「應手而僕」。

除此之外，摔角更是潮流所趨，是和蒙古族諸王聯歡的保留節目。在康熙、乾隆盛世，幾乎年年都要在木蘭舉行圍獵和塞宴。摔角作為「塞宴四事」之一，受到大家的熱烈歡迎。

總而言之，摔角作為一項千年傳承的體育活動，可是一個從平民百姓到天潢貴冑都熱愛的運動，背後有無數怪奇奧妙的故事。有這麼深刻的文化含義在，怎麼能簡簡單單地說是在打架呢？

有沒有什麼
好一點的運動方式
推 薦 一 下 ？

古代人民 到底
有哪些娛樂遊戲？

項目一 蹴鞠

說到運動娛樂，當然不能忽略足球了。從古至今，蹴鞠都是廣大人民群眾所熱愛的一項運動。

「蹴鞠」就是指古人以腳蹴、蹋、踢皮球的活動，早在戰國時期，中國民間就流行娛樂性的蹴鞠遊戲；從漢代開始，又成為兵家練兵之法；到了宋代，還出現了蹴鞠組織與蹴鞠藝人；清代則開始流行冰上蹴鞠。

在《太平清話》和《戰國策·齊策》中，都有許多關於蹴鞠的記載。

體驗感：★★★★
危險指數：★★★☆

推薦對象
身體素質好，長期從事體育鍛煉的人。高齡人士請慎重選擇，有骨折、閃到腰等風險。

項 目 二 冰嬉

　　古代冬季，北方人民最熱愛的一項運動來了——滑冰。在古代，被稱為「冰嬉」。

　　冰嬉亦稱「冰戲」，是中國北方的一項傳統體育活動。起源於何時，現不可確考。早在宋代之時，皇帝就喜歡冰上的娛樂活動，在後花園裡「觀花，作冰嬉」。這項活動在元明時期初見規模，至清代而大盛。

　　在《清語摘鈔》和《百戲竹枝詞》中，都有許多關於冰嬉的記載。

體驗感：★★★★

危險指數：★★★☆

推薦對象

平衡能力好、身體素質強健、抗寒的人。最好會游泳，以免冰面破裂，掉入湖中時還可以自救。

項目三 木射

如果不想出門，但又特別想找點事來活動活動，怎麼辦？看來「木射」很適合你了。別看這名字土土的，這可是保齡球的前身。

木射，又名十五柱球，是遊戲者輪流以木球撞擊十五根筍型立柱的一種室內活動，產生和興盛於唐代。

在《郡齋讀書志》中，曾提及過此活動。

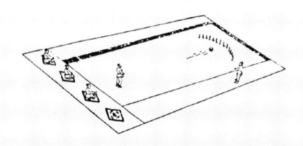

姊妹們，
打保齡球嗎？

推薦對象

全年齡向，養生、鍛煉均可。想要尋求刺激的人可以前往下一個項目。

體驗感：★★★
危險指數：★☆

96

項 目 四 技巧

「技巧」？聽起來怎麼怪怪的？換個詞你就明白了，就是體操。這項運動就不建議大多數人參與了，但我們可以做觀賞嘉賓，畢竟它對身體的要求太高了。

早在秦漢時期的雜技中，就有倒立、翻筋斗等技巧動作。盛行於漢代的雜技，後來又成為元代戲劇等文藝形式的表演手段。這種運動的主要項目有翻筋斗、倒立、柔術、戲車、戴竿、繩技等，其中許多項目都需要高超的身體技巧。

繩技三
繩何來倩無臺

推薦對象

習舞以及身體柔軟的人，不建議沒有基礎的人挑戰。沒有舞蹈基礎的人可以在底下觀看。

體驗感：★★★★★
危險指數：★★★★☆

項 目 五 投壺

投壺是古代士大夫宴飲時玩的一種投擲遊戲，也是一種禮儀。注意，要是你運氣和準頭不好，輸了可是要照規定的杯數喝酒的。

據《禮記·投壺》記載，以盛酒的壺口作標的，在一定的距離間投矢，以投入多少計籌決勝負，負者罰酒。投壺常在宴會上玩，以助酒興。王建的《宮詞》之七十七寫道：「分朋閒坐賭櫻桃，收卻投壺玉腕勞。」意思是宮女們分成兩群賭櫻桃玩，玩投壺玩得手腕酸疼。

據《舊唐·卷十六穆宗紀》記載：「前代名士，良辰宴聚，或清談賦詩，投壺雅歌，以杯酌獻酬，不至於亂。」意思是在酒席宴上，士大夫們飲酒、賦詩，還玩投壺。

體驗感：★★★
危險指數：☆

推薦對象

全年齡向，文藝青年、酒量不好、酒精過敏者慎入。

項 目 六 摴蒲

亦作「摴蒱」，光看名字很陌生，其實就是擲骰子，又是一個比運氣的小遊戲。

這活動在漢代時就有，在晉代時尤其盛行，在《晉書 · 後妃傳上 · 胡貴嬪》和《履園叢話 · 園林 · 拙政園》中都有記載。

摴蒲以擲骰決勝負，得采有盧、雉、犢、白等稱，視擲出的骰色而定。其術久廢。

體驗感：★★★
危險指數：☆

推薦對象

全年齡向，不建議運氣不好的人長時間參加，可能會對內心造成打擊。

明／陳洪綬

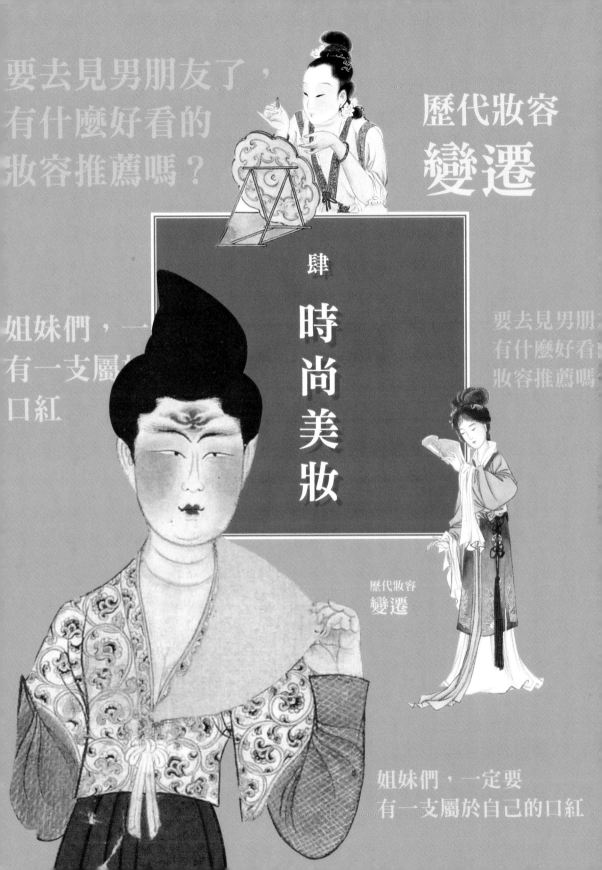

要去見男朋友了，
有什麼好看的
妝容推薦嗎？

歷代妝容
變遷

肆

時
尚
美
妝

姐妹們，一
有一支屬
口紅

要去見男朋
有什麼好看
妝容推薦嗎

歷代妝容
變遷

姐妹們，一定要
有一支屬於自己的口紅

要去見男朋友了，有什麼好看的妝容推薦嗎？

有道是「女為悅己者容」，在見男朋友之前，先梳妝打扮是再正常不過的事了。男生常常會奇怪：「怎麼化個妝還要那麼長時間？」或是「不化妝也很好啊，古人不是說『卻嫌脂粉汙顏色』嗎？」

對這種問題，僅有「呵呵」還不夠，還需要有理有據地嗆回去：「哪部劇告訴你古人不化妝？古代的姑娘在見情郎之前，那一套流程比現在的塗粉底、拍精華、擦隔離、畫眼線、捲睫毛、抹口紅……只多不少。」

元稹有詩為證：

傅粉貴重重，施朱憐冉冉。
柔鬟背額垂，叢鬢隨釵斂。
凝翠暈蛾眉，輕紅拂花臉。
滿頭行小梳，當面施圓靨。

看了是不是都有點暈了？先別忙著暈，古人要畫出好看的妝容，還得熟悉

郎世寧《乾隆嬪妃肖像》

多種腮紅畫法、多種眉形、多種點唇技巧……我們不妨將當時化妝的流程和成品效果一一道來。

元稹先生大概很擅長觀察生活，他寫下的化妝流程相當準確。第一步，當然是傅粉了。對漢家女兒來說，沒有太多的色系選擇，就一個字：白。最早的粉是用米製成的，但不是簡單的把米研磨成粉，擦在臉上就完事，而是需要選用磨純色的梁米或粟米，將米磨成細粉後淘淨，放入清水裡浸泡。這個時間不算短，春秋季一個月，夏季二十天，冬季六十天。等到米粉發出不好聞的氣味，就換水多次淘洗，直到洗去酸氣，之後再反復將米汁濾出、攪拌、沉澱，用灰吸去水分，才終於得到敷面的「粉英」。（出自《齊民要術》）

這一做法對米和水都有很高的要求，否則達不到潔白光潤的效果。後來，隨著煉丹術的發展，人們發現鉛粉被酸液加工後，可以用來塗面，增白效果更好，於是鉛粉就被廣泛使用，又被稱為鉛華，還研製出加入花香的各種鉛粉。不過，鉛粉對身體具有一定的毒性，長期使用對皮膚的害處更大，會造成越來越依賴的惡性循環。

傅粉之後，下一步就是塗腮紅，也就是胭脂。古人使用的胭脂通常用紅藍花汁加工而成，也有利用其它紅花或植物中提取的紅色顏料製作的。古詩中的「亡我焉支山，使我婦女無顏色」，意指焉支山產能製作胭脂的紅藍花。「美人妝面，既傅粉，複以胭脂調勻掌中，施之兩頰」（出自《妝台記》），頰上胭脂的鮮豔顏色，使得紅妝成為女性的代稱。不過，古人化妝並不是只把臉頰塗紅那麼簡單，還有不少種類。例如在兩頰塗上濃重的胭脂，營造醉酒效果的「酒暈妝」、胭脂塗得略淺的「桃花妝」、將胭脂和鉛粉先調勻成「檀粉」，再塗在臉上的「檀暈妝」，在臉頰上先用胭脂打底，再敷上鉛粉的「飛霞妝」。有濃有淡，各擅勝場。

除了和今天類似的紅白脂粉妝容，宋代遼國貴族婦女還流行用栝樓果實的汁把臉完全塗黃的「佛妝」，主要是起到冬天保護皮膚的作用，相當於塗了一層海藻泥面膜。

接下來，就是相當重要的畫眉毛了。大家可別被時下的古裝劇誤導了，以為古人都是韓式平眉。其實，古代的眉形要是都列出來，那就太壯觀了，隨便舉幾個例子：

漢武帝令宮人作八字眉。梁冀妻改翠眉為愁眉。卓文君眉色如望遠山，人效之為遠山眉。魏武帝令宮人掃青黛眉連心細長，謂之蛾眉妝。五代宮中畫開元禦愛眉、小山眉、五嶽眉、垂珠眉、月棱眉、分稍眉、涵煙眉，鳳池院尼童有淺文殊眉，唐明皇令畫工畫十眉圖。一曰鴛鴦眉（又名八字眉），二曰小山眉（又名遠山眉），三曰五嶽眉，四曰三峰眉，五曰垂珠

眉，六曰月棱眉（又名卻月眉），七曰分梢眉，八曰涵煙眉，九曰拂雲眉（又曰橫煙眉），十曰倒暈眉」。（出自《弇州四部稿》）

看暈了吧？從名字就可以看出不同眉形的特點，細長連心的蛾眉、淺淡如遠山的遠山眉、形如柳葉的柳葉眉，乃至現在看來比較奇葩的八字眉等等。畫眉的原料有青黛，也有炭灰，顏色相對比較單一，基本上以偏黑色為主。

畫完眉，下一步是現代人比較陌生的點額黃。額黃的裝飾手法有塗、繪，也有貼，有的是在額頭用黃色塗抹，營造深淺渲染的效果；有的則是以黃粉撲額，描繪出花蕊狀，還有黏貼的片狀「花黃」。

接下來則是貼花鈿，花鈿也叫「花子」，原材料很多，有金箔、色紙、綢布、雲母片，甚至還有魚鱗、羽毛、蟬翼，共同點是都很輕，且容易加工，用呵氣即融的魚鰾膠就能貼在背面。花鈿的花紋相當豐富精緻，不僅有花鳥祥雲，到了宋代還有字形的：「胭脂小字點眉間，猶記得舊時宮樣」。花鈿主要是貼在眉心、面頰，也有貼滿臉的，只要有錢，請隨意。

為什麼要把花鈿貼在臉頰呢？這就接上了下一步：妝靨。妝靨也叫面靨，

本是女子用胭脂在臉頰酒窩處點染圓點的妝扮手法，後來逐漸多樣起來，貼花鈿就是一種方式。宋代女子還研究出了用黑光紙團靨裝飾魚腮中骨的妝靨，叫「魚媚子」。

之後，還需要畫斜紅。這是古代女性在面頰兩側、鬢眉之間畫出的紅色月形裝飾，據說起源於魏文帝的寵妃薛夜來，她不小心被水晶屏風撞破了臉，「傷處如曉霞將散，自是宮人俱用胭脂仿畫，名曉霞妝」。所以，這種類似於傷痕妝的技巧在古代也不罕見，有的人還用胭脂暈染出流血的效果。

最後一步就是點絳唇了。為什麼是「點」？古代的唇形以小巧為美，為了營造櫻桃小口的效果，古代女子用粉將嘴唇塗白，然後再用口脂在唇中描繪出小小的圓點，點染或深或淺的嫣紅顏色，基本形態是圓圓的明珠狀，進一步還有描繪成菱形、花形等形狀的，唐代流行的花樣有石榴嬌、大紅春、小紅春、嫩吳香、半邊嬌、萬金紅等等。

怎麼樣？古人的化妝技巧也不輸現代人吧？這一套程序下來，更考驗男朋友的耐心喔！

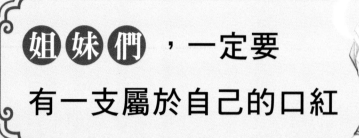

姐妹們，一定要
有一支屬於自己的口紅

小人本對那胭脂水粉絲毫不感興趣，卻陰差陽錯成了脂粉鋪子的夥計，每天都被老闆修理，怎一個慘字了得！

這不，好容易有個主顧上門，我一見是個衣著體面的少婦，趕緊上前去推銷：「娘子，這是本店最新研發的，那個……朱砂口脂，最適合畫……呃……猩猩唇！」

那少婦柳眉倒豎：「兀那賊廝！什麼猩唇，好不曉事！再者說了，哪家鋪子還用朱砂做胭脂？虧你家還好意思說自己是大買賣！」

老闆見事情不妙，趕緊出來打圓場：「娘子莫怪，這孩子叫二傻，素來不懂事。朱砂唇脂有些毒性，又有淘不淨的渣粒，我家也早不做了。您瞧這匣，是上好的紅藍花撋的汁子，細細淘澄幾遭，加了花露蒸疊成的，不教半點渣滓帶上。我家鋪子在北邊有地，專種新鮮的紅藍花，和別家二道販花的可不一樣。娘子若愛好深注唇，還有打南邊新上的紫膠胭脂，今年京城裡可多人歡喜咧！您瞧這顏色，紅得多正，比先前的落葵胭脂還強。這個新鮮貨是東瀛舶來的，塗上口唇後還有金光閃爍，我敢說，是獨一份兒！您是要浸絲綿的，還是要裝盒的脂膏，小店都齊備。您要畫石榴嬌、大紅春、小紅春、嫩吳香、半邊嬌、萬金紅、聖檀心、露珠兒……都畫得來。」（出自《清異錄》）

少婦細細看過幾個顏色，頗為滿意，大手一揮全買了。老闆堆著笑送出門去，轉身就對我變臉：「二貨！和你說了多少遍也記不住！你不看看哪有女娘家不用口脂的，每天得多少生意？都像你這樣，主顧都得罪光了！」

我嘀咕道：「昨天剛背了用朱砂做口脂，還沒背到用花做嘛。」

老闆瞪了我一眼：「那你先說說，朱砂口脂怎麼做？」

我趕緊回憶了一下：「嗯……要先準備溫酒，選取丁香、藿香兩種香料，裹進在乾淨棉花裡，浸入溫酒中，夏天浸一天一夜，春秋浸兩天兩夜，冬天浸三天三夜。隨後取出棉花和香料，燒到酒沸騰後就在酒中放入牛骨髓，如果不夠的話再加上牛油，還可以再加入青蒿，這麼煎幾次後摻入研磨好的朱砂和清油，用綿過濾後放在瓷、漆做的容器裡讓它凝固。」（出自《齊民要術》）

老闆似乎對我的答覆還算滿意，又問：「方才那位娘子買的紅藍花口脂是怎麼做的？」

我頓時張口結舌。老闆看來心情好了些，便給我講解道：「紅藍花在漢代就被匈奴使用做胭脂了，把花汁搗出來，混上油脂擦臉點唇。匈奴知道不？王昭君和親嫁的就是他們的王爺。紅藍花又叫紅花……」

我回憶了一下這種原料的樣子：「您說它叫紅花，怎麼有點發黃？」

老闆好像也不太明白原理，但還是給我耐心解釋了一下：「這花雖黃，要取出紅汁卻也不難。首先要對紅藍花『殺花』，把新鮮花兒摘下來，用碓搗爛，加水一遍一遍的淘洗，裝進布袋裡絞出黃汁，再搗幾遍，用清酸粟漿淘洗，再用布袋絞汁，剩下的就是用來做胭脂的染紅了。把它絞幹，放進甕中，用布蓋上，過一夜再搗均勻，攤在席子上曬乾……」

我聽得有點頭暈：「然後就能做胭脂了？」

老闆說得口沫橫飛：「還沒完呢！要把落藜、藜、藿、蒿燒成草灰，把草灰加水多淋幾次，取出清汁，用來揉花，

揉過後用布袋絞出純汁放在甕裡。再用最酸的醋石榴子搗破,和上酸飯漿水,絞出汁來後,把這酸汁和花汁攪拌,放得過夜後,舀去上面的清汁,留下底層,倒進白練角袋子中懸起來陰乾。沒聽明白?那你記住,要用鹼性的草木灰水揉花,用酸水殺花。要想胭脂好,起碼得這麼揉濾個十幾遍!」(出自《齊民要術》、《博物志》)

我邊聽邊嘖嘖不已,難怪小小一盒胭脂要賣得那麼貴。

老闆說得興起,搖頭晃腦:「除了紅藍花,石榴花、杜鵑花、紫茉莉都能做胭脂,還有剛才說的落葵,用來做胭脂的不是花,是它的果子,雖然果子是黑的,但是榨出的汁挺紅,也能做。紫草也行,可以先煮汁,煮到紫草心變白的時候,倒進蠟和甲煎——就是香料燒的灰,攪拌均勻,冷凝後就能用了。」(出自《備急千金要方》)

「不過,現在的上品胭脂都不是這些了,是南邊來的紫鉚胭脂。知道是用啥做的嗎?是一種特別小的和蟲子差不多的蟲子!」

「啊?」我嚇了一跳,琢磨該怎麼給客人推銷才好。

老闆說:「這種蟲叫紫膠蟲,寄生在一種名叫紫鉚的植物上,像冬青樹上小蟲造白蠟一般,能結出不少紫色的東西,累累像蟲卵一樣,研破是紅的,名叫紫膠,做胭脂比紅花、石榴花都好!」

「這也太神奇了。」

「其實,東瀛倭國不知咋回事,也挺喜歡蟲子的,他們要把那種紅花胭脂在嘴唇上刷十幾次,幹了之後,就有點像一種蟲子的翅膀,閃金光……」老闆還沒說完,見又有主顧登門,趕緊讓我再去招呼。

這下心裡有底了,畢竟新學了不少東西,我興沖沖地拿來展示:「娘子看這東瀛玉蟲胭脂,是紫膠蟲做的……」

仇英《貴妃曉妝》

歷代妝容
變遷

每天都要
美美滴！

周朝

西元前一〇四六年——西元前二五六年

粉白黛黑 · 娥眉

周朝的妝多半比較簡潔，這一時期的女子化妝以傅粉畫眉為主，流行素顏妝。

秦朝

西元前二二一年——西元前二〇七年

粉白黛黑 · 薄施紅妝

秦代被認為是紅妝之始，「秦始皇宮中，悉紅妝翠眉」，在塗粉畫眉的同時，還會抹上紅粉。

漢朝

西元前二○二年——西元前八年・西元二十五年——西元二二○年

蛾眉・櫻桃小口

蛾眉比較細長曲折，顯得溫婉柔美，從先秦時代開始，一直都是廣受歡迎的眉形之一。

這時期唇部的妝容發生了改變，這種能畫出「櫻桃小口」感覺的桃心唇妝十分流行。

長眉・櫻桃小口

長眉是在蛾眉的基礎上演變而來的，特點是長、闊，在漢代的貴族婦女中十分流行。

宮妝・八字眉

八字眉的眉形似「八」字而得名。眉尖上翹，眉梢下撇，眉尖細而濃，眉梢廣而淡。

據《事物紀原》說，漢武帝曾令宮人畫八字眉，後來歷代都有效仿，尤其在中、晚唐時期特別流行。

卓文君・遠山眉

相傳卓文君眉如遠山，眉形細長而舒揚，顏色略淡，引得當時上至達官貴人，下至平民百姓，都紛紛效仿。

魏晉南北朝

西元二二〇年——西元四二〇年

丫鬟·宮妝

這時期的丫鬟宮妝以素雅為主，略施薄粉。

八字眉·泣妝

此妝的眉形細而曲折，還會在眼睛下方描一些眼影，好似正在啼哭。

徐妃·半面妝

半面妝的典故來自徐妃昭佩。她是南朝梁元帝蕭繹的妃子，由於梁元帝是獨眼，一次臨幸時，徐妃只作「半面妝」（半面梳妝，半面未妝），梁元帝知道她是在故意嘲笑自己，大怒，拂袖而去。

闊眉·斜紅

斜紅，又名曉霞妝，在眉尾至鬢邊用朱砂胭脂等物，以簪、釵、指甲、小指畫上如新月般的勾狀，後來有人將之畫成大片的紅暈，看起來像晚霞一樣。

佛妝·出繭眉

南北朝時期佛教興盛，受其影響，很多愛美女子便將自己的額頭塗染成黃色，故稱佛妝。

隋唐

西元五八一年——西元九〇七年

隋唐時期流行把胭脂塗滿面頰、眼瞼，甚至耳朵，總之要將胭脂用個痛快，將紅色進行到底，由此形成了各種不同的妝容。

娥眉·桃花妝

桃花妝的畫法，要先抹白粉，再塗胭脂於兩腮。雙頰多呈紅色，而額頭及下頷部分則露出白粉的本色，效果神似現代的腮紅。

八字眉·碎妝

面靨的一種，原本是裝飾在酒窩部位的，後來發展到整個臉部都是，看上去紛繁破碎，於是被稱為「碎妝」。

闊眉·酒暈妝

在敷粉後將燕支（胭脂）放在手心調勻後，再塗在兩頰，顏色濃的叫「酒暈妝」，顏色淺些的則被稱為「桃花妝」。

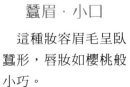

蠶眉·小口

這種妝容眉毛呈臥蠶形，唇妝如櫻桃般小巧。

宋朝

珍珠面靨·宮妝

宋代的妝容較為簡單清新,走的是自然路線。略施胭脂,不再誇張。這時期的唇妝也發生了很大的變化,不再流行桃心唇,而流行豐滿圓潤的唇形。

宋代的流行唇色以各種「斬男色」淺色為主,不再是秦、唐時流行的暗紅色了。

這一時期,宮廷貴夫人流行用珍珠妝點面部,許多宋代皇后的畫像中,都有這種特殊的珍珠妝。

元朝

西元一二七一年——西元一三六八年

少女雙辮·直眉

元朝民間女子盛行素顏風潮,與前兩朝的豔麗與高雅反差極大,走的是素顏美路線,妝容畫法比較隨意。

明朝

西元一三六八年——西元一六四四年

娥眉小口・薄紅

到了明朝，眉形開始有了一些變化，沒有宋朝和唐朝那般有弧度，更加自然，依然是以細眉為美，眉尾偏長。這時候的唇妝都比較接近現代：唇邊要乾淨，線條要柔和。顏色也是偏紅色、暗紅色系的，整體看上去端莊賢淑。

清朝

西元一六三六年——西元一九一二年

短挑峨眉・點唇

清代宮廷女子與民間女子的裝扮反差很大。清上層貴族女子穿旗袍、戴雲肩、梳旗頭，偏愛以橘色系為主的豔麗妝容。民間妝容則比較接近明朝時期。

清代妝容最大的特點，是點唇式樣，以豔紅色系居多，塗抹部分非常小，上下唇各抹一小點。

民國

細長彎眉・紅唇

民國時期流行細長彎眉的妝容，比較符合東方人五官柔和的特徵。除了電影明星以外，普通人基本上不化眼妝，以清新素淨為主。唇妝則較為飽滿，以正紅色為主。

聽說石崇的

我來自宋朝 請問怎麼才能追到心儀的女孩子？

聽說石崇的廁所堪比五星級飯店

我今天賣了一條鯉魚
被打了六十大棍

為什麼不說「下廁所」

聽說有人見過灰姑娘
她居然從中國來？

聽說石崇的廁所堪比

伍

市井八卦

聽說石崇的廁所堪比五星級飯店有人去過嗎？

　　假設你是一位歷史愛好者，一覺醒來，發現自己回到了古代，身處一間精緻豪華的房中，往左看，站著十幾個衣著華貴的靚妝美女，有的拿著精緻的香粉、香水，有的手捧簇新的錦緞外袍，香風細細，環佩叮噹，令人心曠神怡；往右看，紅羅寶帳、繡被錦褥應有盡有，還有手持香囊的美女在帳後半隱面目。

　　怎麼樣，是不是堪比五星級酒店？你肯定會浮想聯翩：「這難道是皇家的寢宮？還是王公的內室……哎呀，忘了查查朝代。也不知道我是成了哪個皇帝？最好後宮佳麗多一些，像這樣的就不錯。」

　　兄弟，擦擦口水吧，這兒不是皇宮，乃是西晉首富石崇家的五穀輪回之所。翻譯一下，就是廁所。您也不用覺得太沒面子，把石崇家的廁所當成內室的還有

當時的名臣、光祿大夫劉寔。他少年貧苦，為官後生活也非常節儉，應邀去石家的時候，進了廁所又趕緊退出，向石崇道歉：「真過意不去，誤入內室了。」石崇說：「那是廁所。」劉寔回答：「我是清貧的人，未曾享用過這樣的待遇。」於是，還是去了別的廁所。

　　同時代的廁所一般是什麼樣的呢？

根據出土的隨葬陶器模型顯示，廁所往往和豬圈建造在一起，有利於積肥和給豬供給食物，環境和氣味可以想像。達官貴人的如廁體驗稍好一點，也不過是可以在室內使用瓷質便器「虎子」和木質便桶，不用在奮力排出體內廢物的時候還得和豬搏鬥。

皇室成員上廁所時可以用乾棗堵住鼻子，避免吸入臭氣。駙馬王敦還曾經把這棗子吃了，成為沒見過世面的笑談。對比之下，石崇家的廁所簡直是至尊豪華享受了，為了掩蓋味道，用的各種珍貴的香料都是尋常百姓家聞所未聞的。

廁所放熏香還能理解，美女拿著新衣是怎麼回事？原來，凡如廁的客人，服侍的婢女都會為他換上一襲新衣，舊衣服丟棄不要。

這些讓來賓看花了眼、在廁所中服侍的美女，實際上在石崇家排不上名次。古代筆記小說記載，石崇修建的金谷園奢華無比，光是有資格用美色取悅石崇的就有幾千人，石崇又意在這些人裡選取數十美人，做同樣的穿著打扮，外人乍一看，幾乎無法分辨。美女們佩戴著倒龍玉佩、鳳凰金釵，口含珍貴的異香，談笑中隨風飄出馨香的氣息，不分晝夜地相互挽著衣袖，繞柱起舞。石崇如果想召見哪個美女，

我東周獸面紋玉琮對此不屑一顧！

不叫她的姓名，只需要聽佩聲、看釵色，玉聲輕的在前面，金色豔的在後面，按次序前來。

石崇對纖弱的身材情有獨鍾，他命人將沉水香碾成粉末，撒在象牙床上，讓他的愛姬在上面行走，沒有留下腳印的賜百串珍珠，留下腳印的就得被迫減肥了。所以，石崇的姬妾們互相打趣的話題就是：「爾非細骨輕軀，那得百琲珍珠」（妳又沒有瘦成一道閃電，還想要珍珠？）而最受石崇寵愛的歌姬綠珠，據說是以百斛明珠買來的。

石崇這麼有錢，在當時有沒有感受到無敵的寂寞？有，但也有不服氣的競爭對手。這位是誰呢？如果你仔細尋找，他的名字在《紅樓夢》裡出現過。妙玉招待寶玉、黛玉、寶釵三人喝茶，拿出的珍貴茶具（分瓜）瓟斝上就有一

行小字「晉王愷珍玩」，這可是「白玉為堂金做馬」的買家也要高看一眼的古玩奇珍。

王愷是和石崇鬥富的主要對手，兩人鬥富花樣百出，有點類似今日的土豪用鈔票點煙，極大地挑戰了平民的想像力：王家用飴糖混合著乾飯刷鍋，石家用蠟燭當柴火；王愷出行布下四十里的紫絲織步障，石崇布下五十里錦緞步障；王愷用赤石脂末塗牆，石崇用花椒——看上去好像沒有王愷的值錢，但「椒房」可是後宮的代稱。

王愷其實不是一個人在戰鬥，背後還有親外甥晉武帝撐腰，然而，皇家竟也不敵石崇。比如，王愷拿出武帝賜的二尺高的珊瑚樹向石崇顯擺，石崇隨手拿鐵如意把它砸了，滿不在乎地賠王愷，只見下人抬出來的珊瑚樹光彩奪目，三、四尺高的就有六、七個，王愷的那棵簡直不算什麼。

除了這些奢侈品，在日常吃用方面，兩家也有競爭。王愷家的豪奢是連皇帝都搖頭的，因為王家吃的小豬肉是人奶餵大的。石家呢？《世說新語》裡留下的例子，是在我們現代看來，平平無奇的豆粥和韭菁虀（韭菜、艾蒿切碎做的醃菜）。但要知道，在一千七百年前，沒有高壓鍋，也沒有冬季溫室種植技術，在石家卻只需一

人奶餵大的豬

聲令下，就能端上新煮的豆粥，冬天也能吃上味道濃郁的碎韭菜。在時人看來，這比人奶餵豬還不可思議。

王愷後來買通了石崇家僕，才知道原來石家是把豆子提前煮好碾碎，要吃的時候放進熱白粥裡，和現在的廣式生滾粥做法類似。韭菁虀裡綠油油的碎末，其實是冬季可以找到的麥苗，加了韭菜根提味而已。後來，這位透露秘密的家僕付出了生命的代價。對石崇來說，草菅人命太正常了，石家為客人勸酒的婢女危險係數更高，如果客人不喝，就會被斬首。

石崇的財富從哪裡來？明代馮夢龍在《喻世明言》裡編了一段故事，大意是說，石崇未發跡的時候，以在江中用弓箭射魚為生，在機緣巧合下救了上江龍王的命，龍王感念恩德，贈給他成船的珍寶，因而發家。事實上，這只是小說家言。石崇出身豪族，他父

親是大司馬石苞，石崇生在青州，小名齊奴。石苞臨死時，唯獨沒有分給石崇家財，理由是「此兒後自能得」。

石崇沒有辜負他父親的期望，很有才幹，但他的財富並不是來自仕途，而是來自不正當的手段：「在荊州，劫遠使商客，致富不貲。」靠殺人越貨，石崇過上了非同一般豪奢的生活，直到政治鬥爭的漩渦將他徹底吞沒。

若干年後，被綁縛刑場的石崇在想什麼？是想在他面前跳樓自盡的綠珠，還是「金谷二十四友」的飲宴唱和？「桃李香消金穀在，綺羅魂斷玉樓空」，隨著石崇的死，石家三族誅滅殆盡，財富散沒，留給後人的不過付於笑談而已。

場面老嚇人了！

聽說菜市口今天又有一個！

我來自宋朝

請問怎麼才能追到心儀的女孩子？

這位朋友您好，歡迎來到宋朝戀愛指南諮詢室！

請坐、請坐，咖啡您肯定是喝不慣了，給您點一盞濃濃的芝麻鹽筍栗絲瓜仁核桃仁夾春不老海青拿天鵝木樨玫瑰潑鹵六安雀舌芽茶如何？如果覺得膩，就來點沙糖冰雪冷元子、雪泡梅花酒，再端上雕花梅球兒、紅消花、雕花筍、蜜冬瓜魚兒等雕花蜜煎，砌香葡萄、甘草花兒、姜絲梅等砌香鹹酸，聊聊您想說的。

喔，您是想解決單身問題啊！難怪您茶飯不思，真是「衣帶漸寬終不悔，為伊消得人憔悴」。恭喜您，您生活的朝代已經不再像前朝那樣講究門第，給您增加了很多選擇的空間。

宋代之前，「官之選舉必由於薄狀，家之婚姻必由於譜系」，也就是說，平民和官紳階層之間有一重厚壁壘，而到了宋代，「取士不問家世，

婚姻不問閥閱」，科舉成為庶民階層的上升通道，不同階層之間的通婚也就不再遙不可及了。您如果是考霸一枚，基本上不用太擔心，因為大把土豪都等著科舉放榜，好去現場砸錢搶女婿，這叫做「榜下捉婿」。考霸不僅可以娶到老婆，還能拿到一千多貫錢，真是「書中自有黃金屋，書中自有顏如玉」。像您這樣風姿出眾的，可能還會被土豪們的家僕強制拖走，在「帽兒光光，做個新郎，衣衫窄窄，做個嬌客」的祝福裡迎接洞房花燭囉！

您不喜歡這種包辦，更願意自由戀愛？如果您擅長吟詩寫詞的話，這個其實也不太難。您知道和歐陽修一起

編《新唐書》的宋祁嗎？因為和他哥哥宋庠是同榜進士，兄弟二人被時人稱為大宋、小宋。小宋同志的顏值我們不太確定，但才華絕對是一流的，「綠楊煙外曉寒輕，紅杏枝頭春意鬧」就出自他的手筆，所以他有個雅號「紅杏尚書」。話說這位小宋翰林的知名度非常高，皇宮大內也有所耳聞。

有一天，小宋才子走在京城的繁台街，正好遇到了宮裡出來的車隊。擦肩而過的時候，一輛車子裡的宮女掀開簾子，和他打了個照面，還叫了一聲：「是小宋啊！」雖然車子很快走遠了，小宋卻為這驚鴻一瞥而心旌搖盪，作詞一首以表衷腸：

畫轂雕鞍狹路逢，一聲腸斷繡簾中。
身無彩鳳雙飛翼，心有靈犀一點通。
金作屋，玉為籠，車如流水馬游龍。
劉郎已恨蓬山遠，更隔蓬山幾萬重。

您瞧瞧，這詞裡是不是帶著一種傷感？因為小宋覺得沒有機會再見到那位勇敢的美人了，便把宮中比喻成仙人居住的蓬萊山，把自己比喻成見過仙子又返回紅塵的劉晨。因為小宋是名人，這首詞不久就傳到了宋仁宗面前。宋仁宗一看就明白了，便問宮中上下，是誰叫了一聲小宋翰林啊？

那位宮女勇敢地承認說：「在伺候御宴時，看到您召見一位翰林學士，內侍們說那就是小宋，從此念念不忘。後來在車上偶然看到，情不自禁就叫出來了。」宋仁宗便召來小宋，說起此事，把小宋嚇得夠嗆，出乎意料的是，宋仁宗笑著說：「蓬山不遠！」隨即把宮女賜給了他，成為一段佳話。（出自《花庵詞選》）

什麼，您不擅長寫詞？別犯愁，還是有辦法的，前提是您不能太宅。因為，古代雖有男女大防，但在宋代一些特定的節慶裡，青年男女仍然可以互相見面。就拿元宵節來說吧，宋朝的元宵節非常繁華，萬街千巷，燈彩錦繡，更有各種各樣表演歌舞戲法的，音樂的聲音可以傳到幾十里外。元宵節又是女子們盛裝出遊的好時候，「婦女出遊街巷，自夜達旦」。

「蛾兒雪柳黃金縷，笑語盈盈暗香去」，「鋪翠冠兒，撚金雪柳，簇帶爭濟楚」，描寫的就是佳人的富麗裝束，甚至因此催生了「掃街」的行當，在夜闌人靜時，有人專門沿路撿拾丟掉的首飾，據說獲利不少。如此良夜，自然是多情人互訴心曲的好時候，「月上柳梢頭，人約黃昏後」，如果您與哪位心儀的女孩一見鍾情，盡可以在燈前月下互訴衷腸，說不定就結成美滿姻緣了呢。千萬別像司馬光先生那樣不解風情，他夫人說元宵節要去看燈，司馬光答曰：「家裡有的是，幹嘛出去看？」夫人又說可以看人，司馬光十分奇怪：「我難道是鬼嗎？」（然而他仍然不是單身！）

如果您在這樣的場合還是沒有找到合適的，可能要求助媒人了。不過找媒人也要注意，給不同人說媒是有不同制服的。給皇親國戚說媒的戴蓋頭、穿紫褙子，您要找戴冠、髮髻上綟黃包頭，也有打著青色涼傘的那種。媒人說親不代表一定可以結為連理，還有一個相親的過程，也就是需要您家裡準備給女方家裡的酒禮，選擇一處風景優美的園圃或者湖上的遊船裡，讓您二位見一見，這叫做相親。您要準備四杯酒，對方姑娘則準備兩杯酒。您還要準備兩種禮物：如果您們互相中意，您就給她的髮髻插一支金釵。如果您們都感覺沒有緣分，您要送她彩緞兩匹，叫做「壓驚」。插釵之後，就是送定禮，準備婚事的過程啦。

最後，衷心祝您早日與有情人成眷屬——您慢點兒，還沒付諮詢費呀！

妳看到我的金釵了嗎？

我今天賣了一條鯉魚
被打了六十大棍

《西遊記》的故事主線設定在唐朝貞觀年間，唐僧還是唐太宗李世民的御弟。在第十回裡，漁夫張稍和樵夫李定的閒聊對詩，引發了後面的涇河龍王降錯雨觸犯天條、遭魏征處斬、冤魂騷擾唐太宗等一系列故事。這一切的起頭，不過是張稍對朋友吹噓：「這長安城裡，西門街上，有一個賣卦的先生。我每日送他一尾金色鯉，他就與我袖傳一課，依方位，百下百著。」讓涇河龍王感到一河水族性命堪憂，驚怒之中做出了錯誤的決定，最後把自己送上了斷頭臺。

《西遊記》是明朝人寫的小說。如果唐朝真有此事，算卦先生每天能收到鯉魚嗎？恐怕夠嗆。因為在唐朝，捕鯉魚是違法行為，賣鯉魚一條，至少要挨六十棍。這並不是胡亂執法，根據《酉陽雜俎》記載：「國朝律，取得鯉魚即宜放，仍不得吃，號赤鯶公。賣者杖六十，言『鯉』為『李』也。」不得濫捕鯉魚，並不是出於保護環境的考慮，而是為了避國諱。

避諱是怎麼一回事呢？古人稱人名字，生為「名」，死為「諱」，連稱「名諱」。在帝制時代，對君主和尊長的名字在言談和行文中都要盡可能地迴避，不能直接說出或寫出，稱為「避諱」。避諱又分避國諱和避家諱兩種，國諱指的是國家君主以及祖先的名字，家諱則是家族尊長的名字。舉個例子，《紅樓夢》裡賈雨村提到自己的學生林黛玉為避母親賈敏的名諱：「她讀書，凡『敏』字，她皆念作『密』字；寫字，遇著『敏』字亦減一二筆。」林黛玉的做法就是避家諱。

你字裡帶煞！

國諱的範圍就廣了，屬於在國家層面做出規定，官員百姓所有人都得遵守，如有觸犯，很有可能遭受刑罰。唐代的國諱很多，規定也很嚴格，根據《唐律疏議》卷十《職制律·上書奏事犯諱》規定：

諸上書若奏事，誤犯宗廟諱者，杖八十；口誤及余文書誤犯者，笞五十；即為名字觸犯者，徒三年。

唐高祖李淵的祖父名李虎，民間便不能再管便器叫「虎子」，只能改叫「馬子」，軍隊裡使用的「虎符」被叫做「獸符」，「虎賁郎將」成了「武賁郎將」。為避唐太宗李世民的名諱，唐代人作文一般用「代」代替「世」，「人」代替「民」，「民部尚書」成了「人部尚書」、「戶部尚書」。唐代宗李豫即位後，「薯蕷」改名成了「薯藥」。因為怕觸犯敏感詞，唐人編修史書時，古人名也跟著被改了一堆，陶淵明成了「陶泉明」，韓擒虎成了「韓擒」。

《因話錄》記載了唐文宗李昂的一個故事：文宗皇帝和翰林學士討論前代文章，說到「前不見古人，後不見來者」的作者

陳子昂，裴素也不管犯了皇帝的名諱，左一個子昂，右一個子昂，同事柳景殺雞抹脖子地使眼色，裴素也沒覺出不對來。幸運的是，皇帝並沒有龍顏大怒，只是對柳景說：「陳子昂字伯玉，也可以叫他陳伯玉。」倘若皇帝較起真來，裴素少不了挨一頓打。

名諱還曾上升到國家矛盾的層面，唐朝後期，南詔第八代國王即位，此人名蒙世隆（一作酋龍），犯了李世民、李隆基兩人的名諱，唐懿宗因為這個緣故不予冊封：「以新王名犯廟諱，故未行冊命，待其更名謝恩，然後遣使冊名。」蒙世隆乾脆起兵造反，自稱皇帝，改國號大禮，和唐朝打了十多年仗。

避諱還會影響到個人的前途命運。《唐律疏義》記載：「府有正號，官有名稱。府號者，假若父名衛，不得於諸衛任官，或祖名安，不得任長安縣職之類；官稱者，或父名軍，不得作將軍，或祖名卿，不得居卿任之類。皆須自言，不得輒受。」意思是說，

如果你的家諱和府號、官稱相犯，就不能擔任這類官職。如果隱瞞被發現了，就會被削去官職，並判刑一年。但在重罰之下，也有人鋌而走險。

《太平廣記》就記錄了這樣一件事，唐代有對兄弟二人王初、王哲入仕，他們的父親叫仲舒，如果避舒諱的話，這二人就不能做帶「書」字的官，比如中書舍人、尚書一類的職務都得避諱，於是這對兄弟自作主張改了父諱，只避諱「仲」字，也確實做了帶「書」字的官。不過，當時的人們對他們的做法很不齒，認為是「逆天忤神」的行為，後來這對兄弟早死，似乎也被認為是活該了。

科舉中也對避諱有所要求，詩人李賀就因為父親叫「晉肅」，「晉」和「進士」的「進」同音，而不能參加進士科考試，韓愈專門寫了一篇抱不平的《諱辯》，質問：「假如父親名『仁』，兒子就不能做人嗎？」然而，李賀還是被擋在了考場門外。比他更倒楣的還有一個叫崔德融的，因為父名皋，犯了主考官高鍇的姓的諱，結果名落孫山。這樣的故事在史書中屢見不鮮。

回到我們最開頭的例子，可能有人會奇怪，唐代禁吃鯉魚，為何不禁吃李子呢？這可能和道教有關。唐朝皇室自認老子李耳是李姓始祖後，對道教非常尊崇。而道教認為，鯉魚可以躍過黃河中的龍門山，被天火燒去尾巴後化成龍，每年有七十二條化龍指標。這樣看，龍多為鯉魚轉化而來，故而道教門中一向對鯉魚比較重視。在這種思想影響下，再加上「鯉」和「李」諧音，唐代皇室就做了禁止捕殺鯉魚的決定。

然而，上有政策，下有對策，在唐詩裡仍然有不少吃鯉魚的記載，比如「侍女金盤膾鯉魚」、「炊稻烹紅鯉」、「郎食鯉魚尾」等等，可見這一避諱並沒有執行得非常徹底。

聽 說 有 人 見 過

Do You Know Cinderella

灰姑娘
她居然從中國來？

一個孤苦伶仃的姑娘一直被繼母及其女兒欺壓，在神秘法力的幫助下，她得到了華麗的衣服和精美的鞋子，能夠去參加大型聚會，丟失的鞋子被王國的統治者拾獲，經過一番尋找，終於找到了鞋子的主人，姑娘改變了命運⋯⋯

這不就是灰姑娘的故事嗎？是的，這是有跡可循的最早的文字記載。

在迪士尼電影和各種童話故事的包裝下，灰姑娘可以說是家喻戶曉。她的名字叫仙杜瑞拉，雖然被惡毒的繼

母及繼母女兒欺凌，但幸運的是，她有一位神仙教母，還有忠實的動物朋友，在壞繼母給她派活兒的時候，小鳥們都會來幫忙。雖然繼母的女兒們奪走了她參加王宮舞會的機會，神仙教母卻在關鍵時刻幫助了她，把南瓜變成馬車、老鼠變成駿馬、破舊的衣服變成華麗的新裝，但她必須在午夜十二點前趕回去，否則一切都會變回原樣。匆忙之中，仙杜瑞拉遺失了一隻水晶鞋，這也成為王子找到她的重要線索。最終，當然是有情人成眷屬的喜劇結尾。

迪士尼電影的故事藍本來自法國作家夏爾·貝洛改編的童話，另一個為

大家熟知的版本則是德國格林兄弟整理的童話故事，兩個版本的情節大同小異，只在一些細節上有改動：賜予灰姑娘華裳豪車的不是神仙教母，而是她母親墳上長出的榛樹；王子撿到的是金鞋，而非水晶鞋；灰姑娘繼母的女兒們切掉腳趾以求能穿上鞋子，最後還被小鳥啄瞎了雙眼。灰姑娘的故事在歐亞大陸上廣為流傳，除了這兩個比較流行的版本外，研究顯示，在歐洲、亞洲共還搜集到七百多個不同的版本（Anna BirgittaRooth，Cinderella Cycle，1951）。

這個故事的源頭究竟在哪裡？這要回到我們最開始說的，它來自唐代段成式的《酉陽雜俎》續集《支諾皋》，該書成書於西元九世紀。

什麼？灰姑娘居然是中國故事？中國古代哪裡有舞會、水晶鞋、南瓜馬車這些東西？別急，我們先來看一看，中國的灰姑娘姓甚名誰、丟下的是什麼樣的鞋子。

這個故事據段成式記載，是他家的僕人李士元所述的。李士元來自廣西邕州，是「多記得南中怪事」的「洞中人」，「洞」是唐宋時期對廣西少數民族地區基層組織機構的稱呼，類似於部落性質。李士元講的故事，主角也是一位吳姓洞主的女兒。這個故事據傳發生在秦漢之前，可見它在百越之地應當已經流傳了多年。

故事裡，吳洞主娶了兩個妻子，一個妻子很早過世，留下一個名叫葉限的女兒。葉限自小聰明能幹，擅長淘金（另一種版本是鉤金，結合壯族風俗，可能是用金絲織錦），很得父親寵愛。然而，吳洞主不久後也亡故了，繼母對葉限百般虐待，不是讓她去高山砍柴，就是讓她去深潭汲水。看到這裡，是不是感覺很眼熟？灰姑娘童話裡的繼母也給過她各種各樣的刁難。

不過，後面的神力擔當卻很特別，是一條魚，準確來說，是一截魚骨頭。

葉限在一次打水時，撈到一條紅背鰭、金眼睛的小魚，把它養在盆子裡，可是這魚見風就長，很快地，家裡的容器就盛不下了，只能放到池塘裡。魚只有看見葉限的身影才浮出來迎接，其他人不管怎麼召喚都不露面。繼母覺得這魚有蹊蹺，故意給葉限做了件新衣，甜言蜜語地讓她換下舊衣，又命令她去百里之外的泉水打水。葉限走後，繼母換上衣服，懷揣尖刀去把魚引出來，殺魚吃肉。葉限回來後知道魚遭到橫禍，跑到野外哭泣，這時，

忽然有個披散頭髮、身著粗布衣、外形古怪的人從天而降，告訴她：「別哭了，妳的繼母殺了魚，把骨頭扔在糞坑裡，妳回去後找到骨頭收藏好，以後想要什麼，只管向它祈禱就可以了。」說完便消失了。葉限按他說的回去照做，果然如此。

這個設定很有地方文化特色，生活在廣西地區的百越民族屬於稻作文化民族，長期種植水稻作物、食用水生動物，有「飯稻羹魚」的傳統，魚是財富的象徵，進一步成為了被崇拜的代表，正如柳宗元在記述廣西柳州少數民族風俗的詩裡寫道：「雞骨占年拜水神」。

女主角到底是在什麼樣的場合裡丟失了鞋子呢？的確，中國沒有王室舞會的傳統，但故事發生的地方有著「洞節」的習俗，是洞民一年一次的盛大節日，男女老少共同歌舞歡宴，青年男女還可借機擇偶。直到現今，廣西仍然保留著類似的風俗，比如壯族的「三月三」歌圩、侗族的「行歌坐月」、瑤族的「耍歌堂」等等。

故事裡的洞節顯然隆重非凡，人人盛裝前往，繼母也帶著她自己的女兒去參加，且不許葉限出門。等繼母走後，葉限向神奇的魚骨祈求，得到了翠紡衣衫和輕如羽毛的金鞋子，打扮得美如天仙，趕赴洞節。不料，繼母的女兒認出了她。葉限連忙趕回，匆忙中丟了一隻鞋子。

這段情節可算是灰姑娘故事的核心了，可是王子並沒有在洞節出場。原來，葉限他們居住的地方臨海，附近有個統治著數十海島的陀汗國，這只稀罕的金鞋子被人拾到後賣給了王室。有研究認為，「陀汗國」即為新舊唐書裡記載的「陀洹國」，即現在的印尼蘇門答臘地區。陀汗王覺得這鞋子挺稀罕，讓宮裡的人試穿，都穿不進去。他下令讓全國的婦女都試一試，居然也沒人合腳。陀汗王拷問賣鞋人，得知是在洞節拾到的後，便派人去搜尋，要求把能夠穿上這鞋子的女子帶回來。最終，國王找到了葉限，一方面被她「色如天人」的美貌吸引，另一方面，魚骨的秘密也讓國王心生貪意，最終

國王把葉限娶為王后，魚骨也被帶回國去。繼母和她的女兒被飛石打死，她們的墳墓被叫做「懊女塚」。

相比童話裡渲染的一眼萬年的愛情，葉限故事裡的男主角只體現了身為統治者的權力和暴力的一面。並且和歐洲童話故事「王子和灰姑娘幸福地生活在一起」的結尾不同，作者並未交代葉限的結局，只講述了神奇魚骨的後續：陀汗國王向魚骨祈求，得到了大量珠寶，次年再求，卻一無所獲。國王於是就把魚骨和金銀珠寶一起埋

在海邊，多年後叛軍為亂，國王準備取出金珠犒賞軍隊，埋藏的地方卻在一夕之間淹沒在海水之中。陀汗國王和王后的命運如何？這是否意味著天神的旨意？讀者無從得知，也給故事增加了一抹神秘的色彩。

那麼，到底是中國的葉限故事傳播到了歐洲，還是歐洲的故事傳入中國後變形了呢？歷來不同的研究者各執一詞，無法做出定論。可以肯定的是，唐朝時期的中國融會貫通了世界各地的不同文化，葉限的故事正是各種文化交融滲透的一個例證，而且不是孤例。

《太平廣記》記載過一個故事，唐代開元年間，某戶部令史的妻子被妖術迷惑，每天晚上和婢女消失不見。該令使在胡人術士的指點下，偷偷藏在一個大甕裡觀察，原來妻子竟騎著掃帚飛上天空，婢女騎著他藏身的大甕飛在後面跟隨，去了千里之外的山上和妖怪一起飲酒作樂。這一幕是不是和西方的女巫傳說非常像呢？

為什麼不說
「下廁所」、「上廚房」

人生大事裡，吃喝拉撒的重要性恐怕沒有誰敢懷疑。要完成新陳代謝，實現五穀輪迴，從古到今的人們都離不開廚房和廁所，它們的作用包括但不限於聯絡感情、感受溫暖、思考人生、讀書看手機⋯⋯

「上廁所」、「下廚房」這兩個詞，大家應該都很熟悉。前者在學生時代是友誼的見證（並不），後者已經有同名 APP、網站，還有一句文藝的廣告標語：「是誰來自山川湖海，卻囿於晝夜、廚房和愛」。相信已經有愛思考的朋友會提出這樣的問題：「為什麼不說『下廚所』、『上廚房』？好像也有道理啊！在廁所裡需要蹲下，在廚房也是要站在流理台前的嘛！」

這究竟是怎麼回事呢？應該不只一位思考過這個重要的問題了。通過搜索發現，已經有人嚴肅認真地提出：說「上廁所」、「下廚房」是有講究

的！這要從中國古代的五行觀來解釋。古人提出的五行學說，是將萬事萬物根據這五個性質劃分：「一曰水，二曰火，三曰木，四曰金，五曰土。水曰潤下，火曰炎上，木曰曲直，金曰從革，土曰稼穡。潤下作鹹，炎上作苦，曲直作酸，從革作辛，稼穡作甘。」（出自《尚書‧洪範》）。方位也與五行相對應，東方木、南方火、西方金、北方水、中央土。五行之間，又存在「相生相剋」的關係，相生即是木生火、火生土、土生金、金生水、水生木，相克則是金克木、木克土、土克水、水克火、火克金。

在這些理論的基礎上，五行論者的觀點是這樣的：廁所是什麼屬性的呢？我們都知道，在沒有抽水馬桶的時代，裡面有很多豐富的肥料，都說「肥水不流外人田」，所以廁所屬水，肥料又有利於種植屬木的莊稼，符合「水生木」的相生關係，東屬木，因此綜合看來，廁所是建造在宅院中的東北方向的，要不為什麼古人管上廁所叫「登東」呢？廚房因為要生火做飯，而火又是由木材燃起的，屬火屬木，所以建造在東南方向。而中國的地形是「天傾西北，地陷東南」，北方不僅地勢更高，在傳統文化裡還有尊貴之意，帝王的座位都是面南背北，所以去南方習慣說「南下」，去北方習

慣說「北上」，又比如「乾隆皇帝下江南」這樣的說法。這樣，結合廁所、廚房的方位，就成了上廁所、下廚房了。

聽起來好像很有道理！但是，真的是這樣嗎？我們不妨用事實說話。過於久遠的民居構造暫時不可考，但近代的建築資料還是可以查閱到的。

以北京傳統四合院為例，廁所通常處於院落的西南角，並不像很多人推測的那樣處於東北。

那其他地方的民居情況呢？經查閱研究論文等文獻發現，晉中地區的傳統民居裡，位於宅院南部的「倒座」通常用於儲藏、廁所等功能，東向或西向、靠近門口的廂房會用作廚房使用，但並未嚴格規定東或西方位。（出自閆冬佳《晉中傳統民居在現代生活模式下的更新探索》）

可見，為了符合「北上廁所」的含義而把廁所設置在北方的說法，在現實裡很難找到理論依據。為什麼北京和晉中的四合院會出現這樣的安排？因為這兩種民居都是根據後天八卦「坎宅巽門」的形式設計的，大門開在院子的東南角，廁所設置在院子的西南方，離北邊的正房有一定距離，即使有特殊的氣味飄出，也不至於干擾到

房主的生活；但離大門又不太遠，便於清理廁所的糞夫出入。還有一個很重要的因素，是北方地區多北風，這些地區的廁所如果還建在住家院子北邊，要是刮起風來，那還真是無法忽視臭氣的存在了。而江南地區的傳統民居往往不設廁所，用馬桶來盛裝糞便，更無所謂放在哪個方向了。

那到底為什麼要說上廁所呢？這恐怕要從最早的廁所形制開始說明。《釋名‧釋宮室》中寫道：「廁或曰溷，濁也。或曰圊，至穢之處。」溷就是豬圈的意思，說明當時的廁所和豬圈是結合在一起的。在一些出土陶制明器裡，仍然可以看到廁所兼豬圈的模型，有的還特別塑出幾隻小豬，和蹲位相映成趣。這種佈置有助於積肥和餵豬，相對於下層的豬，廁的位置在上層，所以「登東」、「上廁所」都有從低處往高處之義，也和廁所的原始含義相符。時至今日，在一些農村仍有這種形制的廁所留存，有的下面接的不是豬圈，而是魚塘。

至於「下廚房」又是什麼原因呢？廚房的位置一般處於南側嗎？實際上，北京四合院裡的廚房通常設在東廂房背後或東廂房南側，這仍然是受後天八卦的影響，認為該方位是吉位。而南方民居並沒有固定廚房的位置，比如在江南水鄉民居裡，廚房主要位於最靠近用於交通的河道一側的建築底層，便於運送食材和取水，廚房的方位由河流的位置決定。福建土樓的廚房也是設在最週邊的底層，有的土樓甚至週邊一圈都是廚房（出自王其鈞《中國傳統廚房研究》）。從這些傳統建築的結構可以看到，為了有助於傾倒廚餘垃圾和運送食材，廚房的位置通常低於主房，所以產生了「三日入廚下，洗手作羹湯」的唐詩，也因此有了「上得廳堂，下得廚房」的俗語，漸漸地，就變成「下廚房」了。

比起高深莫測的五行學說，廚房和廁所的方位更多是基於人們的需要而決定的，這也是這個問題的終極答案。

陳少梅《官人涮桶》

我的紋身時尚時尚最時尚

新鮮熱烈的相撲比賽，開賽啦！

古代版「王者榮耀」，這個遊戲讓大家都玩瘋了！

《清明上河圖》精彩彩蛋

古代潮流日報

Fashion Daily
玩趣版

我的紋身時尚時尚最時尚

燕青代言

《水滸傳》裡的浪子燕青一身刺青，非常耀眼。他雪白的身體配上華麗的錦繡，就如同錦緞裹著白玉柱，鳳凰塌著滿地碎玉，孔雀落在花園裡。這一連三個比喻，把燕青的這一身刺青說得華麗無比，以至於到了京城見李師師，這個皇帝的情人竟然提出要觀摩一番，燕青無奈，只好脫了衣服，任由對方的纖纖玉指在自己身上輕撫。

燕青這身刺青可不簡單，是他的主人盧俊義專門花錢請人為他紋上去的。紋身這項技術從唐朝就一直在被鑽研，段成式的《酉陽雜俎》中就介紹了許多人的漂亮紋身，還提到一種快速紋身法，是把各種針密密麻麻地組成圖形放在一起，圖樣有猛獸、神仙、鮮花……想要什麼，選定離手，來，閉上眼睛，咬緊牙關，拿起一個範本，啪地一聲扣上，一個紋身就形成了——就是一個章。

不過這速成法主要服務於市井無賴之徒，像大名府盧俊義這樣的大員外是不會用這種方法的。事實上到了宋朝，這種速成方法估計都被客戶淘汰了，那時候的人們紋身就是圖個美，紋身師傅也不屑這樣幹，他們要的是名聲。那時的

紋身還有俱樂部，叫「錦體社」。這裡定期組織各種刺青比賽，贏了的人都會贏來名譽和獎金，浪子燕青就參加過。原文上就說他「若賽錦體，由你是誰，都輸與他」。可見燕青這身紋身有多美。

為燕青應援！

新鮮熱烈的相撲比賽

　　紋了一身漂亮的花紋，沒有機會展示怎麼辦？別擔心，有一項運動非常適合你，那就是——相撲。

　　《水滸傳》裡的燕青是相撲高手，泰山打擂摔死過擎天柱任原，梁山上高俅被俘的時候也說自己相撲未遇對手，燕青隨即和他較量，將他摺倒在地。相撲需要赤身裸體，通體漂亮的紋身配合矯若游龍的身姿，那豈不更有看頭？

　　現在提起相撲，似乎會覺得是日本人的專項，殊不知這項運動早在中國東漢時期就有了，不過那時候叫「角抵」或「角力」，到了宋朝以後才有了相撲這個名字，且不光有男子相撲，還有女子相撲、小兒相撲，甚至男女混合相撲。《水滸傳》上就寫了段三娘和王慶的相撲，還戰勝了王慶。大宋朝的女子也真是彪悍。

　　歷史筆記《夢梁錄》中專門提到了「賽關索、囂三娘、黑四姐」等女子相撲高手，這可是宋朝版「誰說女子不如男」，這還不算，最讓你跌破眼鏡的，還屬女子裸體相撲——這還不是個別腐朽官員自娛自樂的，這是上元節在東京汴梁城宣德門公開表演的，當時的皇帝宋仁宗也是熱心觀眾，看完了還給選手們打賞。

　　他手下那個小時候砸缸的老頭司馬光看不下去了，專門寫了一篇文章《論上元令婦人相撲狀》，對這件事進行了批判，司馬大爺是這麼說的：「宣德門是神聖的地方，你在這裡讓女子裸體相撲，可真是褻瀆神明啊，何況這麼多人人看著，多不好啊。」明朝有個叫張萱的考證說這事原本就是經常搞的，司馬光先生太古板了，害得我們丟失了一項多麼好的運動啊。

　　必須要說一下，雖然時間已經到了宋朝，但並不像大家想像中那樣，宋朝的女子已經是弱不禁風，大門不出二門不邁，男人摸下手都要上吊……儘管有司馬光先生這樣的論調，那也是明朝以後的事了，宋朝的女子生活還是很潮的。宋朝的女子跟唐朝的女子一樣，也愛蹴鞠，甚至愛打馬球，不過馬不太好找，南宋那會還有個「築球郭師娘」，是名揚一時的女球星。雖然從五代開始，就開始流行女子裹腳，但是三寸金蓮也沒能擋住女子蹴鞠的熱情，有男人還挺欣賞她們在球場上婀娜多姿的身形，只不過能玩這種遊戲的女子越來越少了，女子的活動範圍就漸漸退回了室內。

古代版 王者榮耀
這個遊戲讓大家都玩瘋了！

如果你穿越成了一名古代女子，每天活動於家中，感覺無聊怎麼辦？這一項室內遊戲肯定適合愛玩的你。而你玩樂的對象，大概就是你的老公。

在這方面引領潮流的，當屬我們大宋第一才女李清照，她人生最快樂的時光是跟老公趙明誠一起度過的，她最著名的遊戲就是賭書潑茶。兩個人煮上茶，為了爭這第一口就開始賭，競猜某典故在書中第幾頁第幾行，猜對的人喝第一口，有時候高興起來，贏者茶水還潑了全身。這就是著名的賭書潑茶，以至於五、六百年後，納蘭容若都羨慕得不得了，他回憶逝去

的妻子，最好的場景也是「賭書消得潑茶香」，這個遊戲可真是經典。

李清照發明的這個遊戲雖然能讓後世文人夫妻 cosplay，但這個遊戲範圍太小，對參與者文化素質要求過高，導致無法廣泛流傳。可能在趙明誠去世之後，李清照不僅痛失一位好夫君，也痛失了一個好玩伴。從此李清照鑽心研究各種賭博技藝，被稱為一代賭神。

這可不是瞎說的，這是李清照自己說的：「予性喜博，凡所謂博者皆耽之，晝夜每忘寢食。但平生隨多寡未嘗不進者何？精而已。」翻譯一下就是：我喜歡賭博，只要是賭，我都參與並且沉溺其中，常常廢寢忘食，不過我賭了一輩子，不論多少，每賭必贏，說起來倒也沒什麼，精通而已。

天哪，這哪裡是我們熟悉的顛沛流離、憂國憂民的女詞人？但是沒錯，這句話出自《打馬圖序》，是李清照撰寫的一本介紹賭博的書，她都出了專著，上升到了理論高度，所以《古

今女史》上說她「博家之祖」——賭博行業的祖師奶奶啊。

那麼，打馬圖是一種什麼樣的賭博呢？據說類似今天的飛行棋，以爭先為勝。李清照在書裡介紹了兩種「馬」，一種是關西馬，一種是依經馬。關西馬有一個將軍、十匹馬；依經馬有二十匹馬，無將。後來又出現了一種宣和馬，是揉合兩種玩法，有將有馬。這裡面所謂的馬和將，都是專門鑄造的銅錢，上面鑴刻駿馬或者名將，如馬有追風之馬、千里之馬、飛黃、渠黃、赤兔、龍駒等數十種，將則更多了吳起、王翦、關羽、張飛、尉遲恭、秦叔寶等等……聽起來是不是像三國殺？

除了三國殺，宋代還有神仙殺，也就是將錢上的駿馬和名將換做各種神仙，背面雕刻詩句，例如王母錢背後寫著「為種蟠桃樹，千年一棵生。是誰來竊去，唯問董雙成」。

董雙成是王母娘娘座下看蟠桃園的美女（孫悟空是以後的傳說了），她也有專門的錢牌，上面寫著「王母叫

雙成，叮嚀意甚頻。蟠桃誰竊去？須找座中人。」

聽起來是偷蟠桃的故事，不過那時候的人們還不知道孫悟空，偷蟠桃的人是東方朔——他字曼倩，所以他的錢牌是「曼倩」，後面寫著「青瑣窗中客，才為世所高。如何向天苑，三度竊蟠桃」。

這仨人物就串起來一個故事了，當然還有各種神仙如散仙、拔宅仙、龜鶴仙、醉仙（從後面的詩句看，這個是李白），《天香樓偶得》上簡單介紹了下玩法，大概是用骰子比色，先是散仙、次為上洞仙——最後是蓬萊大羅金仙，這個時候眾神仙慶賀。遊戲過程中，如果犯錯，要貶下仙界……這聽起來就是一種非常有趣的桌遊。現在若有人重新開發，或許也能風靡一時，堪比王者榮耀，不過人家這是「神仙榮耀」了。

《清明上河圖》精彩彩蛋

正店

記者無意間看到，這位轎夫正在看熱鬧，
希望廣大工作人員在工作時保有一定的職業操守。

Tips

1. 《清明上河圖》中乘驢、乘馬的人，比乘坐轎子的人要多。宋人出行，習慣坐馬，不習慣乘轎。北宋士人以乘轎為恥，因為他們認為轎子「以人代畜」，是對人的尊嚴的侮辱。

2. 上面店面的牌子上掛了「正店」二字，說明這家店是有釀酒權的大店，是國營的。在北宋，酒稅是政府重要的財源。宋朝時對酒的銷售管理很嚴格，官方賣酒，能提高收益，讓朝廷收到足夠的酒稅，於是有關部門想出了「娼妓坐肆作樂」的法子，名曰「設法賣酒」。

掩面

今日午後，王姓公子遇到死敵張姓公子，
且張姓公子縱馬而行，神情略帶幾分囂張。

為了避免雙方尷尬，張公子遂舉起扇子掩面而過。

T ips ·

宋朝時，若在路上遇到熟人，但不想打招呼，便會用扇子掩面，是一種用扇子來避諱、遮掩
的習俗。

風向

　　注意、注意，今天午後將會有一輛運鈔車經過虹橋，請各位遊客以及居民不要堵塞交通要道，保持道路通順。屆時道路兩旁會加強安保防範措施，請大家不要驚慌。如看到形跡可疑的不法分子，請及時告知官府處理。謝謝合作。

Tips ....

1. 宋代一貫錢大概是「以七十七錢為百」，即一貫錢為七百七十錢，大概重量為八斤多。

2. 在虹橋四角，立有四根木杆，每根木杆頂上都有一個鳥形之物。這叫做「五兩」，因為是五兩重的雞毛所制。它不是用來裝飾的，而是古代的測風儀。只要看鳥頭朝向哪個方向，便可知道風向。

牙市

　　近日不少居民表示，現在買東西時常被坑，又或是找不到合適的途徑進行購物，為此，記者專門採訪了「牙行」從業人員，他們表示，如有困難可以放心找他們，他們是經大宋政府批准，並交納稅課的正規機構。

Tips ···

1. 牙行是在市場上為買賣雙方說合、介紹交易，並抽取傭金的商行或中間商人。經營牙行須經政府批准，並交納稅課。牙行在交易中起著「評物價」、「通商賈」，代政府統制市場、管理商業的作用，故也稱「官牙」。

2. 「牙行」通常袖子會顯得長一些，他們之所以穿長袖的衣服。是為了在袖子裡完成交易。袖裡吞金正是此意，他們在袖筒裡觸摸手指頭，討價還價，並計算交易數。

文化

WENHUAJIAOYU

♣
陸

教育

焦秉貞《孔子聖蹟圖》局部

這位公子……
咦，怎麼是 姑 娘 ？

若是生活在古代，打算走親串友的你，準備好迎接一連串處理人際關係的挑戰了嗎？首先你要弄清的，就是辨認出眼前是哪個家族的哪一位，並且準確地叫出敬稱。

還沒等你蹲在屋角把家譜背熟，就聽見家人找你：「快來見過客人，這是你父親好友的公子。」你走上前，深作一揖：「這位公子請了！」抬頭一看，對面客人微微側身，向你溫柔有禮地回了一個萬福（古代婦女常見的行禮方式，雙手交疊放在小腹，雙目向下微微屈膝；又一說為兩手鬆鬆抱拳，在

胸前右下側上下略作移動，同時微微鞠躬。此禮節因行禮時多口稱「萬福」而得名）。怎麼是位滿頭珠翠、婀娜多姿的姑娘？公子不應該是男的嗎？

在古代，公子這個稱呼最初的含義，是「公之子」（《儀禮·喪服》中記載：諸侯之子稱公子）。「子」在古代，兼容男女。所謂公子，也就是先秦時期諸侯的子女。諸侯是個已經消失在歷史中的階級，但這個尊稱保留了下來，隨著時代變遷而泛化，用來尊稱所有想要誇對方出身尊貴的人。有時候為了區別，尊稱別人女兒的時候，也可以稱呼「女公子」，但你的家人顯然

省略了這個能讓人辨明的前綴。

你雖然意外，但緊接著便是竊喜。這分明是命運的邂逅、上天的安排！小生此際尚未成婚，連訂親對象都沒有，不知這位……呃……如何稱呼？

冷靜一下。可以叫人家「姑娘」，這是沒有問題的，但不夠客氣。

那，難不成叫……娘子？

你福至心靈地想到這麼一個詞，又馬上捂住嘴。這好像是戲曲裡常用的，稱呼自己妻子的詞啊！這麼直接真的好嗎？

其實這個稱呼對不對，要看你在哪個朝代使用。在唐宋及以前，「娘子」是對女性的普遍稱呼。「姓氏加排行加娘或者娘子」的稱謂組合，在唐代詩詞中非常普遍。比如杜甫在成都草堂的鄰居，那位善於種花的黃四娘（杜甫詩《江畔獨步尋花》：「黃四娘家花滿蹊，千朵萬朵壓枝低。」），還有他小時候驚鴻一瞥、驚為天人、沒齒難忘的劍舞藝術家——公孫大娘，都是這個稱呼。

如果對方比自己年輕得多，且不知姓氏，那也簡單，叫「小娘子」就好啦。這是一個適用範圍很廣的尊稱，就好像如今的天津人，對二十歲到六十歲左右的女性都稱「姐姐」，對方比自

己年輕，就叫「小姐姐」。這樣的稱呼方法，還真有點古風猶存的意思呢。

元代以後，「娘」漸漸開始專指已經出嫁的婦女。因此若是生活在元明清三個朝代，叫還沒嫁人的姑娘為「娘子」，確實需要罔顧世俗的勇氣。

那就捨棄有歧意的「娘」好了。你還可以單獨稱呼姑娘為「子」。這也是一個古老的稱呼，指稱老師或者有道德、有學問的人，後來泛化為一個男女通用的尊稱。唐傳奇《柳毅傳》中，路見不平的義士柳毅遇見了受夫家虐待的龍女，上前詢問：「子何苦自辱而如是？」即是此例。用這個稱呼，態度那是相當古雅而莊重。

你可能會覺得，這樣文縐縐的，太見外了吧？

其實好辦。如果姑娘的父親是你家的世交，你大可以裝作不經意地問人家的名字，再加個「姐」或「妹」的後綴。中國稱呼的傳統之一，就是在口語中，對沒有血緣關係的他人廣泛地使用親屬稱謂語。也就是說，你可以用「爺爺」來敬稱所有和祖父輩分、年紀相當的男性，用「姨」來敬稱所有與母親輩分年紀相當的女性。所以對著想要套近乎的女孩，你當然可以「姐姐」、「妹妹」地叫起來了。具

體使用的例子，可以參考《紅樓夢》裡嘴甜的賈寶玉。

好啦，我們假設你和這位妹妹聊得很開心，關係迅速地拉近，等到姑娘結束拜訪回家了，你自然想要寫封信、送個禮物帖子，鞏固一下你的勝利成果。你提起筆來——要寫「某某妹妹收」嗎？好像又顯得過於通俗了。

若是用書面語，你可以稱呼姑娘為「女士」或者「女史」。「女士」這個稱呼由來已久，《詩·大雅·既醉》中寫道：「其僕維何，釐爾女士。」意思是「（君王您）上天賜予的天命如何附隨？上天賜予您有德行的嬪妃！」孔穎達注解：「女士，謂女而有士行者。」清袁枚《隨園詩話補遺》卷五：「與諸女士茶話良久，知是大家閨秀。」可見女士用來指代道德高尚的美好女性。後來，「女士」在近代又成了英語「Madam」或「Lady」的翻譯，稱呼不清楚其婚姻狀況的女性。那是後話，按下不表。

「女史」則是本來古代君王內廷所設立的女性官職，以知書婦女充任，

掌管有關王后禮儀，或是後宮嬪妃的下屬，掌管書寫文件之類的工作。後來演化為對知識婦女的美稱。

好啦，一見鍾情，加上魚雁傳書，你和姑娘兩情相悅，終於決定在一起——最好不要私奔定終身啊。白居易先生的教訓在先：「聘則為妻奔是妾，不堪主祀奉蘋繁。」（出自《井底引銀瓶》）年輕人別圖省事，規規矩矩地去拜見未來的岳父老泰山吧！一旦你成了人家的「愚子婿」，你和心上的姑娘從此就可以換一種稱呼了。

在古代，一般說來，丈夫可以稱呼妻子為「卿」、「君」或「汝」，妻子則稱呼丈夫為「君」。但也有一些了不起的女子堅持稱呼丈夫為「卿」，相當於今天的「親愛的」，比如《世說新語》裡記載的晉朝王戎的太太。想像一下，老婆人前人後管老公叫「親愛的」，放在現代社會都挺肉麻，要是在男尊女卑的古代，就更顯得沒規矩了。王先生奮起抗議，太太的一番話卻把他徹底鎮壓：「我親你愛你，才叫你親愛的；我不叫你親愛的，誰應該這麼叫你啊？」

好有道理！竟然無從反駁！

請勇敢地和你心愛的姑娘「卿卿我我」吧！祝你們幸福！

參考文獻　《禮記》、《詩經》、《漢書》、《唐詩三百首》、《唐傳奇·柳毅傳》、《世說新語》、《隨園詩話補遺》

我來自宋朝，我想知道明朝
發生了什麼事？

前幾天，我無意中收到了一個宋朝人的提問，不要問我是怎麼收到的，我怎麼會告訴你們，我有一台時光穿梭機？不過這台機器只能寄信，不能寄人，真的。話說這個宋朝人開門見山地問我，我想知道明朝發生了什麼事？我很納悶，只能回答他，我怎麼知道明朝發生了什麼事！隨後在心裡默默背誦了一遍朝代順口溜，唐宋元明清……不對！你是怎麼知道有明朝的？！他

沒給我回信，可能是被我的睿智嚇傻了。

雖然跟這位宋朝筆友斷了聯繫，但睿智如我還是仔細思考了一下他的問題，如果有一個來自宋朝的人想知道明朝的事，應該怎麼辦呢？答案當然是——看史書了！難道要讓我把明朝兩百七十六年間發生的事講給他聽嗎？！

幸運的是，中國從西周末年起，就已經有記載歷史的習慣了。西周滅亡後雖然建立了一個東周，但周天子權勢日漸式微，各諸侯國根本不把其放在眼裡，這段時期又被稱為春秋戰國時期。此時的史書大多以諸侯國為單位各自書寫，比如鄭國的《志》、楚國的《檮杌》、魯國的《春秋》等。

說起《春秋》，是不是就有人想到《左傳》？這兩者之間還真有關係，《左傳》一書其實是給《春秋》做注解的，當然它也是史書，只不過是把《春秋》中的某些部分敘述得更完整了。實際上除了《左傳》外，《春秋》還擁有兩本注解，分別是《公羊傳》和《谷梁傳》。一部本體三部注解的《春秋》，究竟是有多難看懂啊……

基本上來說，我國早期的史書都是編年體，也就是以年代為線索來記錄歷史事件，比如西元 XXX 年 XX 月 XX 日，皇帝便秘了三天；西元 XXXX 年，某大臣被老婆趕出了家門等等。後來諸侯國林立，史書也延伸出了國別體，也就是以國家為主體記載。春秋時期左丘明所作的《國語》和漢初劉向編著的《戰國策》就屬於國別體。再後來又有了紀傳體、斷代體、紀事本末等類型，在一般情況下，史書的寫作方式是多種多樣的，並不會拘泥於一種題材。

東漢司馬遷的《史記》，是我國最早的紀傳體史書，它記述了自上古黃帝到漢武帝元狩元年（一說太初四年）之間，各帝王將相、社會名流的故事。繼《史記》之後，東漢班固的《漢書》則將漢高祖到王莽新政的歷史寫全了，這本書可以算作了解西漢的窗口。再往後的《後漢書》則成書於南朝時期，由歷史學家范曄編撰，主要記述西漢光武帝時期到漢獻帝劉協時期的歷史。

不得不說，整個漢朝的史學家都在司馬遷的帶領下愛上了紀傳體，這三本漢朝歷史的代表作，全部是人物傳記。而且因為寫的人多，不知道為什麼紀傳體就成了歷朝歷代正史的寫作手法，後來入選我國古代正經史書的二十四史，都是這種寫法。

但漢朝以後，各朝具有代表性的正史，就很少由本朝寫成了。所謂正史，大部分都是由官方主持編撰的，為了保證完整性和可操作性，一般都是本朝整理和編寫前朝的，

就如唐朝寫隋朝、元朝寫宋朝、清朝寫明朝。

三國時期的代表史書《三國志》是由西晉陳壽所寫，這裡要強調一下，後來的《三國演義》真的只是小說！裡面的人物事件其實跟正史相去甚遠，不可盡信，《三國演義》的作者羅貫中也是元末明初之人，差了東漢不知道多少年。

晉朝正史《晉書》則是唐朝時，由房玄齡主持編寫。

南北朝時期的政權更迭頻繁，皇帝走馬燈一樣換來換去，《宋書》、《南齊書》、《梁書》、《陳書》、《魏書》、《北齊書》、《周書》主要記錄了這一段亂世的歷史，裡面也包含了對五胡十六國的描寫。

唐朝建立後，魏征主持編撰了《隋書》，之後李延壽又將南北朝時期的歷史做了整理，彙編成《南史》和《北史》兩書。

這裡簡述一下隋朝以前的混亂時期，先是曹丕逼迫漢獻帝禪位，建立魏國；四十五年後，司馬炎篡魏，建立了西晉；後來北方少數民族內遷，西晉滅亡，司馬家族遷居到江南，建立了東晉。東晉存續期間，北方早就亂成了一鍋粥，五胡十六國輪番表演，此時的中華大地比戲臺子還精彩，東晉內部也四分五裂，連續建立了多個朝代，南方也加入了北方的大戲，於是南北朝時期到來。最後楊堅出來建立了隋朝，這場大戲才落下帷幕。

後晉時期，劉昫等編成了《舊唐書》。宋朝時期，歐陽修等著人編寫了《新唐書》、《舊五代史》、《新五代史》。

元朝有《宋史》、《金史》、《遼史》，明朝有《元史》，清朝則有《明史》，所以那位想知道明朝發生了什麼的宋朝人，快去看《明史》吧！

當然，各朝各代除了正史外，還有更多的別史或雜史，別史就是指紀傳體以外的史書，而雜史就是各種家史、外史、野史等，這些史書也都是對正史的補充。比如記載漢光武帝到漢靈帝時期歷史的《東觀漢記》、記錄金國史事的《大金國志》、北宋時從上古時期講到朱溫篡唐的《五代史平話》、還有中國第一部編年體通史《資治通鑒》，以及表面看上去是小說，但又很像史書的《世說新語》、《宋稗類鈔》等。

最後，我再友情贈送宋朝筆友一些明朝史料：《明實錄》、《明通鑒》、《明會典》、《國朝典匯》，但相信我，這些也只是明朝史書中的一小部分，畢竟我國歷史如此源遠流長，沒有多如繁星的史書來記載都說不過去。

司馬遷著《史記》浮雕

古籍史書

告訴你不知道的明朝那些事兒！

孩子三歲了
請問哪個地方的 幼 稚 園 比較好？

跟今天的父母一樣，古代人為了孩子的教育，也是操碎了心。俗話說得好，再窮不能窮教育。既然如此，古代稱不上富裕的廣大平民，是如何受教育的呢？

古代肯定沒有幼稚園。不過有件事你可能不知道，古代一些有遠見的平民家庭教育，正是從胎教開始的。孟母，也就是偉大的思想家、教育家孟子的母親，身為一介平民，懷著孟子的時候就嚴格要求自己「席不正不坐，割不正不食」。那時候的人們認為孕婦的行動端正，能夠影響胎兒的品格。隨後的朝代都有指導胎教的醫書，以求孩子身體健康、智力充沛。可見，讓孩子贏在起跑線上的想法，古今同一。

當然了，胎教的影響終歸是不好衡量，一切都得等要受教育的孩子本人真正誕生之後再說。幼兒所受的早期教

育，大部分是在家庭內部完成的。據說早在西周時期，古人就有一套完整的教學計畫。

成書於西漢的《禮記・內則》記載周禮：「子能食食，教以右手。能言，男唯女俞⋯⋯」大意是：孩子會自己

吃飯了，就教他使用右手；幼兒會說話了，就教他們學習答話，男孩子說「唯」，女孩子說「俞」。此後還有六歲識數、七歲教導男女有別、八歲懂得敬讓長輩等等隨年齡變化的教育重點。

孩子度過幼兒階段，在父母的懷抱中懂得一些道理後，就要學習生活常識了。魏晉時的大教育家顏之推就主張要尊重勞動人民，鼓勵兒童參與家務勞動，學習待客禮節。著名歷史學家司馬光，在幼年時期看到夥伴掉進水缸，能立即砸缸救人，恐怕就是這樣注重動手能力的家教，所培養出來的反應和力氣吧。

這之後呢？如果你出生在家裡頗為富裕的平民家庭，恭喜你，你要上學了。

在上古時代，那時候階級分化還不大明顯，平民教育還是公立教育的一部分。根據《周禮》、《禮記》等書記載，中國早在傳說中的五帝時期就有了學校，叫做「成均」，先王還在那裡用酒款待地位低下的「郊人」。到了堯舜時期，學校稱為「庠」，把富於經驗和技能的老人集中起來，地位高的叫國老，住上庠，在王宮西邊；地位低的叫庶老，住下庠，在王宮東邊，下庠就是培養教育平民後代的地方。夏朝的學校跟前代差不多，只是學校叫「序」，國老在東序，庶老在西序，掉了一個方向，因為夏朝人以左為尊，按照堂屋的位置，左手邊是東，右手邊是西。

到了商朝，「殷人養國老於右學，養庶老於左學」，東西學校又換了位置。不過，甭管搬到哪裡，那時平民教育在公立學校總歸還是有一席之地。可到了西周就不一樣了。西周時期貴族制度成熟，階級分化明顯。平民教

育不在官學機構「國學」之內了，單獨設立「鄉學」，只有小學一級，規模和科目也比較簡單。

但民間思想的火種依然不滅。到了西周末年，「禮崩樂壞」，官學漸漸衰微，民間私學繁榮興盛。著名教育家孔子，就相當於一個私立學校的校長，他雖然鄙視體力勞動，但對待平民教育的態度是開放的。他說：「自行束脩以上，吾未嘗無誨焉。」不論身份地位，只要能持師生之禮的人，就可以受教育。那個時期，平民教育得到空前發展，出現「百家爭鳴」的局面。

然後，平民教育的發展便一路坎坷。秦統一六國，秦始皇無法容忍任何人動搖他的權威，於是秦朝僅僅限於教授法律，既不由開辦官學，也禁止私學。不過，秦始皇對教育也不是沒有貢獻，他統一了六國度量衡和文字，增加了全國統一考試的可行性。

好在秦朝命短，漢朝建立後，一度蟄伏的平民教育再度興起。可是官方辦學留給平民的空間實在太少，從此，中國古代平民教育變成私立學校為主。如果你是一個平民蒙童，當然，還得要是小男孩，那你到了學齡之後，上的多半是私塾或者家塾。地方上也會開辦一些「義學」、「學館」之類的，都是低等程度的啟蒙學校。

當時的教學目的，就是識字；至於手段，則是——背書！背書！背書！你要是敢問老師這段書在講什麼？老師多半會臉色一沉，戒尺一舉：「問什

私塾

麼問？書讀百遍，其義自現！你看東晉的范宣，三歲就會背《詩經》了！」

不幸中的萬幸，是咱們的漢字天生讀音整齊，容易押韻。所以你的教材基本上都是朗朗上口的韻文，比如春秋戰國時期的《史籀》、漢朝的《急就篇》、南朝梁武帝時期的《千字文》、宋朝的《三字經》和《百家姓》等等，都算是比較好背的。這些啟蒙教材在歷朝歷代都有增加，好在古代文化的傳播手段有限，熱門教材就那麼幾本。

一般來說，完成識字任務，再加上幾本儒家經典，比如《孝經》、《論語》，下層平民子弟的教育也就結束了。如果你幸運地屬於少部分平民之列，家裡頗為富裕，你又有志求學，那就可以繼續進入高級學府讀書了。

高級的平民教育學府，叫做「書院」，一般由著名學者創建或主持，最早出現在唐朝，盛行於宋代，講學風氣比較自由。校址一般都在山林僻靜之處，風景頗佳。大概因為環境太好，校長一般叫做「山長」或「洞主」，這稱呼天生自帶仙風道骨的氣質。

你可能會問，作為一個古代的平民子弟，在漢朝之後是不是就沒有進入公立學校的機會了呢？

機會也不是完全沒有，但數量有限。唐朝算是開明盛世了，設置的弘文館、國子學、太學等學校就沒有平民子弟的立足之地，只有書學律算等性質的學校對平民限制較為寬鬆。不過，隋唐時期肇始的科舉考試，倒是給平民子弟的人生打開了一扇嶄新的大門。

到了宋朝，科舉完善，政策適當向平民傾斜。能夠通過讀書賺取「功名」，激勵了更多平民投入到教育當中來。到了明朝，地方官學中平民身份的學生已經很多了，就連最高的中央官學國子監，也為平民開啟了一道門縫，設「例監」。凡是有錢捐資給官府的平民子弟，也可以入監讀書。

不過要提醒一句，雖然明朝國子監的平民人數是歷朝歷代最多的，但明朝的學風，卻是最喜歡讓人背書的。按照洪武十五年（西元一三八二年）所頒佈的監規，每個月的初四、初七、初九、初十、十二……這麼說吧，每個月規定了整整十三個背書日。背不出來？痛打十板子。

如此看來，無論哪個年代，求學都需要好好努力呀。

孩子，馬麻只希望
你能健康快樂地成長。

冷枚《連生貴子圖》

媽媽，總是有人罵我「狗子」

　　擁有一個罕見的姓，是一種什麼樣的體驗？下面這位狗姓同學最有發言權。

　　狗同學從學校回來，一臉鬱悶地向媽媽哭訴：「媽媽，總是有人罵我狗子。」

　　媽媽摸了摸兒子的頭，用看傻子的眼神看了他一眼：「傻孩子，你就是狗子啊。」

　　狗同學特別傷心：「我可以改姓嗎？」

　　媽媽說：「你爸爸會打死你的。」

　　狗同學問：「有什麼途徑，能快速改姓？」

　　媽媽答：「我改嫁。」

　　於是，狗同學換來自己爸爸的一頓暴打。

　　可憐的狗同學，如果早投胎個幾千年，不僅可以避免這一頓揍，說不定還可以不用姓狗。

　　早在幾千年前的中國古代，姓氏並非一個整體，姓和氏是代表兩個不同的含義。

　　眾所周知，原始社會是先有母系社會，後有父系社會。母系社會是一種建立在母系血緣關係上的社會組織。姓，便是源自於母系社會，具有個體性。當時的子女只知道自己的母親是誰，並不確定他們的父親是誰，因此孩子跟母親一個姓。這是貨真價實的你媽媽一定是你媽媽，你爸爸就不一定是你爸爸的最好例子了。

　　姓，單從這個字來看，可以拆分成「女」和「生」，不難推測出，姓的

含義就是女人生的孩子跟女人姓。上古八大姓：姬、薑、姒、嬴、妘、媯、姚、姞（另一說為：姬、薑、姒、嬴、妘、媯、姚、妊），全是女字旁。

還有一種說法，是指姓代表著一個圖騰，為的是區分各個部落。通過這種區分，可以有效地避免近親繁殖，因此古代有同姓的人不能結婚的說法。

隨著時間的推移，生產力不斷發展，人口不斷繁衍、遷居，一個大部落也會逐步分成若干個小部落。

那麼，小部落之間又是怎麼區分的呢？

氏，應運而生。

與姓相比，氏具有一定的團體性。姓是氏族的標記，氏是家族的標記，姓生下來就註定了，不會發生改變，而氏卻會因為家族不同而有所不同。因此，先秦時期有一句話：「氏以分貴賤，姓以別婚姻」。

一個姓下面可以有很多個氏，這也從另一方面驗證了中國姓氏的起源是上古八大姓。

姓和氏，是人類進步的兩個階段，是文明的產物。他們又是在什麼時候合二為一的呢？這時不得不誇一波「祖龍」秦始皇。《通志·氏族略》中記載：

秦滅六國，子孫該為民庶，或以國為姓，或以姓為氏，或以氏為氏，姓氏之失由此始。

秦始皇統一天下後，將姓氏合二為一，姓與氏之間不再有區別，但一個人只能選擇一個姓氏。

據文獻記載，我們現在所說的《百家姓》，成文於北宋初，原本收集的姓氏有四百一十一個，後來增補到五百六十八個，其中單姓四百四十四個，複姓一百二十四個。

實際上，中國人的姓遠遠不只這麼多，上古八大姓繁衍出來各種各樣的姓，他們的形成有著不同的歷史過程和原因，但同一個姓不代表同源，異姓也有可能同源。

至於諸如死、毒、操、幹、第五等不知道經歷過什麼的奇葩姓氏，只能心疼他們一秒了。

上司說我不把他放在眼裡

古往今來，狂傲不羈的人多半有個特別突出的才能作為資本。作為一名普通的公務員，在古代需要掌握的技能，其實和今天的職場生存術也差不太多，依然要遵守既有的規則，講究禮數、尊重上司。

在中國古代，禮儀本來源自於信仰鬼神的祭祀，後來漸漸與倫理道德相結合，成為統治階級管理社會的手段之一，也是生活當中方方面面需要遵守的規矩。早在春秋戰國時代，人們就把禮制彙編成一本書，這就是日後成為儒家經典的《儀禮》。在兩漢時期，大儒們又編撰了託名周公著作的

《周禮》和《禮記》，包含了先秦儒家的哲學、教育、政治、美學乃至風俗等方面的內容。這三本書，後世合稱「三禮」，堪稱中國古代禮儀制度的藍本和百科全書，也是一代代人修習的行動指南。

想像一個生活在古代的外國人可能有點困難，那麼，我們就想像一個從小生長在胡漢雜處邊境城市的漢族青年吧！小夥子直到成年才返回父母的故鄉——中原，謀一個小職位養活自己。雖然這裡的風土人情和邊城大不相同，他適應得還算快，於是一直保持著自信，直到有一天，一切好像都不太對了。

那天，小夥子上班之後，盤腿在堂上坐著，離上司很遠。上司跟他說了什麼，小夥子沒聽見，前傾身子問什麼事？上司的臉色便不大好看，說：「我的玉佩找不到了，你去門口和院子裡看看。」

小夥子站起來去找，因為坐久了，腳跟有點麻，邁著大步走得慢騰騰的。走

你們腿瘦嗎？

你可以偷偷盤起來。

到院子裡一看，玉佩掉在臺階前的草叢裡了。他十分興奮地撿起來就往屋子裡跑，還一邊喊道：「您的玉佩找到囉！」此時，上司的臉色就垮了下來。

「你這小子從來就不把我放在眼裡！」上司怒吼了一句，抓過玉佩，又使勁瞪了可憐的下屬一眼：「別在我眼前晃悠，出去反省！」

小夥子一頭霧水地跑了出來，正看見同僚，嚴格來說是前輩，一個姓趙的老爺子盯著他嘆氣：「僭越啊僭越，不成體統啊不成體統。」

「什、什麼……越？」

「你啊，從小和一群胡人混在一起，舉止荒唐，態度無禮。」

「我剛才沒幹什麼出格的事呀？」

「你剛才是盤腿坐著的！」

「有問題？」

「那當然！我天朝禮儀博大精深，就說這個坐吧，有很多講究。長沙王太傅賈誼著書稱：『坐以經立之容，脢（小腿）不差而足不跌』。」

小夥子趕緊攔住搖頭晃腦的老趙：「求您別背書了，能不能直接說點我能聽懂的？」

老趙不滿地清了清喉嚨：「聽好了，坐，基本姿勢是臀部坐在腳跟上，身體重心落在腳踝和小腿上。大致的坐姿，分四種。一曰經坐，目視前方，神情端莊。二曰恭坐，頭微微低下，目視對方膝蓋，態度恭順。三曰肅坐，低下頭，目光看著下方，別賊眉鼠眼地亂看。四曰卑坐，頭要埋下去，手肘垂下來，是最恭敬的坐姿……」

「坐的時候屁股不能著地？太累人了吧！」

「臀部著地，伸開腿，那叫『箕踞』，已屬不雅。你盤腿坐著更過分，太無義理！」

「以後會注意。」

「還有，你剛才坐的席位也不對，離上司太遠。隨侍尊長，要就近而坐，表現尊敬。這叫『狎而敬之』（出自《禮記·曲禮》）。坐得遠，扣分。上司呼喚你，你要即時起立。你坐在那兒斜著身子回話，無禮。你領了命令，在堂上慢走，無禮！」

「那應該怎麼走呢？」

「《禮記》上說，你在堂上要細步徐行，在堂下走正步。堂上空間小，

邁大步多粗魯！」

「喔……」

「還有你拿著玉跑那麼快幹嘛？不知道在堂上不要快步走，拿著玉石也不能快步走？玉石貴重，萬一失手摔了怎麼辦？」

小野子繼續請教：「那以後我要怎麼才能挽回上司對我的印象呢？見他就拜行嗎？」

老趙一副高深莫測的樣子搖搖頭。「你以為什麼叫拜？」

「就是那種跪下然後頭碰地面的大禮啊！」

「拜禮分好多種呢！可別拜錯了。常用的有三種，稽首、頓首和空首。稽首是拜禮中最隆重的，你跪下之後，兩手著地，頭也要貼著地，停留一段時間再起來。拜父母老師還有君主，都是這個禮節。遇到上司，貿然行大禮，也不對。」

「我應該頓首？」

「嗯，見上級可以用頓首禮。要領是跪下，頭碰著地，稍微頓一下就起來。如果遇到品級比你高很多的上司，想表達尊敬，那就多頓首一次好了，

這叫兩拜禮。對了，頓首也可以同輩之間用，你行禮，對方要回拜。」

「明白了。您剛還說了一個詞叫做『空首』，什麼是空首呢？」

「空首是跪下後，兩手交拱，垂到地面，頭隨之叩在手上，並不接觸地面。比你地位低的人向你行拜禮，你就

敬酒是逃避「久坐」的不錯選擇。

可以用空首來回禮。現在很多人也不那麼麻煩了，頭根本不低到地，手拱在胸口，頭一低貼著手，就算完事了。人心不古啊，唉。」老趙深自遺憾。

小夥子有點不服氣：「為什麼不能拱個手、作個揖呢？多方便啊！」

老趙鄙視地看了他一眼：「粗陋無文！須知禮者，乃節正民風的關鍵。身正則行有禮義，積禮義而為君子……你還嫌棄拜禮麻煩，孰不知還有更麻煩的拜舞之禮（興起於隋，盛行於唐及五代）呢。那可是謁見天子之時，所使用的最尊貴的禮儀。行了跪拜之禮後起身，還要手舞足蹈，表示無限歡喜……」

小夥子聽了這些，完全陷入了迷茫，沒有半點領略「無限歡喜」的意思。

要知道，這些才只是日常的禮數，還不包括隆重的典禮大事呢。中國五代有「五禮」之說，祭祀之事被稱為吉禮，冠禮被稱為成年禮，婚禮被稱為嘉禮，賓客之事被稱為賓禮，軍旅之事被稱為軍禮，喪葬之事被稱為凶禮。可以說從一個人誕生到去世，禮對他的約束，始終如影隨形。要在古代社會立足，這些禮數不可疏忽，更不可遺忘啊！

| 參考文獻 | 《禮記》、《荀子·修身》等 |

170

想學寫詩，求教，
錢 不 是 問 題 ！

我是誰？
我在哪？

人生得意須盡歡，莫使金樽空對月。
天生我材必有用，千金散盡還復來。

《太白醉酒圖》

不論是嚴肅的正史，還是輕鬆的筆記小說，都會記載古人吟詩。寫得好的，名垂青史，令人讚嘆；寫得糟的，往往貽人笑柄。這不怪古往今來的作者們太苛刻，實在是中國詩歌傳統源遠流長，誰都願意創造風雅或者附庸風雅。在唐朝盛世，詩歌更是在生活中被廣泛應用，甚至街頭鬥嘴，人們都愛說兩句韻文，對答不上來的，甚至會受到小孩子的恥笑。

對不會作詩的人來說，這樣的生存環境未免過於嚴酷。所以連雄赳赳的武將，有時候也會掉兩句書袋。這其中有天賦者，寫得還相當不錯。南北朝時期梁朝名將曹景宗，就曾在慶功宴上堅決要求賦詩一首。但是，因為

他文化水準不高，主持分詩韻的人一開始並沒有分給他，等輪到他的時候，只剩下兩個韻字：悲和病。這兩個字多麼不吉利，就是會作詩的人都感到棘手。然而曹景宗並沒有被打退堂鼓，他沉思了一會兒，當真作出一首五言短詩：「去時兒女悲，歸來笳鼓競。借問行路人，何如霍去病。」可謂自然流暢，又切近慶功的主題，成為佳話。

要是像紅樓夢裡的薛蟠那樣不學無術，聚會場合只會來兩句「一個蚊子哼哼哼，兩個蒼蠅嗡嗡嗡」，那可就成為大家嗤笑的對象啦。所以這作詩，真的算是古人──當然是有點社會地位的古人，必須學會的社交技能！假如你是一個富家子弟，明天要去參加別人的婚禮，必須準備賀詩一首，偏偏這時候你連基本的作詩規則都不懂……那可相當糟糕，趕緊惡補吧！

看詩集照貓畫虎？其實論作詩，一味多讀也行不通。古往今來的詩歌多矣，首先要弄明白學的是哪個方向。詩，有古體，有近體。近體的格律嚴格，但脈絡清楚。近體詩或是四句一首，或是八句一首，按照韻書來押韻。四句話的詩，叫絕句；八句話的詩，叫律詩；超過八句的，就是排律。

詩歌的格律和韻腳，都是講究平仄的。這是從詩歌的音律美來考慮，並不是古人非要想出什麼刁鑽的口訣來為難後輩。詩的韻書，現在所知道的最早的，是隋代陸法言的《切韻》，之後幾經沿革，以宋代的「平水韻」流傳最廣。

平水也是地名，在今天的山西臨汾，至於韻書為何叫平水，原因並不清楚，或許這是編撰韻書作者的籍貫吧。韻書的編排，按照平（相當於現在中文的一聲、二聲）上（相當於三聲）去（相當於四聲）入（現在中文已無此聲韻，僅剩方言猶存，可以借鑒日語中的促音）。四聲為綱，每一聲下列若干韻。

若干是多少呢？平聲三十韻，上聲二十九，去聲三十，入聲十七，相加是一百〇六韻。不過若是時間緊迫，這些不消全記，挑些重點便足以應付一般場面。因為近體詩幾乎都押平聲韻，這樣範圍就縮減到三十類。這當中還可以劃重點，比如，平聲一東韻雖然包括一百七十四個字，常用的不過幾十個。這幾十個字也不用死記硬背，找一些用一東韻寫的詩來記憶，效果更佳！

知道了韻腳，便要知曉格律。近體

仄仄平平仄，
平平仄仄平。

黃山壽《淬妃小象》

詩的格律，更像是口訣。一首近體詩，第一句第二字是平聲，就叫平起；反之是仄聲，就叫仄起，兩種排列方式各不相同。第一句詩可以入韻，也可以不入韻；第二句和第四句必須押韻。

舉個例子吧，假如我們作一首第一句仄起不入韻的五絕，平仄就應該是：仄仄平平仄，平平仄仄平。平平平仄仄，仄仄仄平平。

若是第一句平起不入韻呢？平平平仄仄，仄仄仄平平。仄仄平平仄，平平仄仄平。

寫起來可能感覺特別麻煩，但念兩遍感覺還挺順口的。說實話，不管三七二十一，橫下心多念一陣子，這麼一套口令不過二十個字，用一個時辰，怎麼也記住了。或者，咱們利用剛才記韻腳的方法，找一首與之平仄對應的詩來記憶。例如，平起不入韻的五絕，就有名作可以背：鳴箏金粟柱，素手玉房前。欲得周郎顧，時時誤拂弦。」（李端《聽箏》）

一通百通。五絕的另外兩種格式，也就是第一句平起入韻和仄起入韻，也都是這個路數。七絕、五律、七律，概莫能外。

以上近體詩格式一共十六種，說起來很多，其實並不難。這些平仄格式是最理想的標準，但也有一些例外的情況，比如一三五不論（指近體詩的七言律詩中，第一、第三、第五字可以用平也可以用仄，是一種不以辭害意的變通方式）之類，大概知道有這麼回事，再多讀一些詩歌也就多少明白了，用不著死記硬背。

有人想問，近體詩還是規矩太多，古體詩是不是好寫一點？

嚴格來說，古體詩形式更自由。比如說，近體詩一首詩只能用同一個韻腳，就是韻書中同一個韻部的。古體詩呢，可以中途換韻，可以押平聲韻之外的其他韻，可以有規律地換，也可以無規律地換，可以不管什麼對偶，還可以混用三言、四言、五言、七言甚至更長的句子，真可以說是縱橫馳騁。

可是，古體詩並不好寫。正是因為古體詩形式自由，又無具體規律，所以今人不容易學，或者學了也是套著古體詩的皮毛，細看還是近體詩的靈魂。比如唐代著名詩人王維的《桃花源》：「月明松下房櫳靜，日出雲中雞犬喧。」就是很漂亮的對偶了，古體詩原本是不講究這個的。

如果說這些功夫都來不及下，是不是就只能任人嘲笑了？

其實也不是。你還可以作一首打油詩。打油詩相傳是唐代一個叫「張打油」的人創始的，故此得名。這種詩不拘格律，也不講平仄對仗，但一定會在口語中押韻。通常是五言或者七言絕句的字數。雖然文辭不算講究，卻往往能看出寫作者的一片真情。你可能覺得打油詩不登大雅之堂，可是那也總比當場張口結舌要來得瀟灑多啦！

參考文獻

《詩詞讀寫叢話》（張中行，中華書局，二〇〇五年）、《南史·曹景宗傳》

黃山壽《老嫗解詩》

一個寫手的自我修養

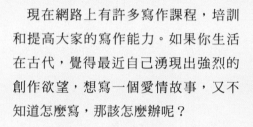

粉彩鍾馗醉酒

現在網路上有許多寫作課程，培訓和提高大家的寫作能力。如果你生活在古代，覺得最近自己湧現出強烈的創作欲望，想寫一個愛情故事，又不知道怎麼寫，那該怎麼辦呢？

首先，我們要選擇一個文學體裁。更準確地說，需要清楚自己生活的時代盛行什麼樣的文學體裁，之後再量身訂做地創作你的愛情故事。

如果你生活在先秦，準確地說，是西周初期到春秋中葉，那正是《詩經》盛行的時代。那個時候大家創作的文學，多半是四個字一句的歌曲集。詩經有三大手法：賦比興。根據寫作順序來，其實應該叫「興比賦」。

什麼是「興」呢？它不含直接的比喻，也不是必然的聯想，而是作者從風景、自然之物、天地四時當中，選取也許有深意，但是沒有必然聯繫的一樣事物，作為引起話題的開端。詩

經名篇《關雎》開頭的「關關雎鳩，在河之州」就是如此，接下來的窈窕淑女和雎鳩並沒有邏輯上和形象上的必然聯繫。您要寫美人，開頭最好「興」一下。比如《詩經·國風·鄭風·野有蔓草》的開頭就很典型：「啊，田野裡的蔓草青青，上面綴滿了晶瑩的露珠。有位美麗姑娘，她目光流轉嫵媚動人。」

接下來可以「比」一下了。比就是比喻修辭，讓我們來感受一下詩經裡最著名的一段形容：「領如蝤蠐，齒如瓠犀，螓首蛾眉。」（出自《衛風·碩人》）

美女的脖子像天牛的幼蟲那樣白皙頎長，牙齒像瓠瓜籽兒一樣潔白整齊，額頭像知了的頭一樣方整，眉毛像蠶蛾的觸角那樣細長彎曲。當然，這首詩比喻的事物和現代人的習慣相去甚遠，但正能體現出先秦時代，人們對

自然界的觀察細緻入微，一草一蟲也值得珍愛讚嘆。

然後就是「賦」了，即鋪陳排比，以白描手法居多。至於心理活動，詩經的文風比較溫柔敦厚，而且四字一句容量有限，很難描寫得太具體。

想表現相思的話，可以考慮楚辭。楚辭雖然是韻文，但具備了散文的特徵，是開創性的文人創作。楚辭裡面的描繪，都是融合了作者情感的象徵，抒情起來特別地占篇幅。

詩經用四個字，比如「搔首踟躕」、「輾轉反側」，就說盡了的意思，到了楚辭的創作者屈原那裡，就成了這樣：

思美人兮，攬涕而佇眙。
媒絕而路阻兮，言不可結而詒。
……
願寄言於浮雲兮，遇豐隆而不將。
因歸鳥而致辭兮，羌迅高而難當。

大致是意思是：我想念美人啊，擦乾眼淚凝望。路途遙遠又沒人送信啊，想說話也難以傳揚。願讓浮雲幫我捎句話啊，雲神卻銷聲匿跡。想讓鴻雁給我傳書啊，它卻高高飛走不肯配合。

篇幅是不是長多了？用楚辭體裁，就可以充斥大量的心理活動和浪漫想像。

漢賦和駢文好是好，但是用來寫愛情不大合適。

漢賦側重堆砌各種華美的景物和意象，並不擅長講故事，更適合作為宮殿城市的城建介紹，描寫帝王遊獵的紀錄片、旅遊勝地的宣傳、抒發懷才不遇命運的職場文、雜談禽獸草木的博物君。

駢文盛行於南北朝，字句兩兩相對而成篇章，多用四字句和六字句，堆砌典故和辭藻，上句說了什麼，下句還得湊出跟它對仗的內容來。從修辭學上來看是挺美的，可是在情節進展上就放慢了很多。曹子建（曹植）在《洛神賦》裡是這麼寫的：

思美人兮！

顧炳鑫
《屈原問天》

《洛神賦》局部

其形也，翩若驚鴻，婉若游龍。榮曜秋菊，華茂春松。紡賦兮若輕雲之遮蔽月，飄搖兮若流風之回雪。

「驚鴻」對「游龍」，「秋菊」對「春松」，「輕雲」對「流風」，十分工整。至於情節，則相對簡略。

我們畢竟是想寫個故事，不是想學著寫笠翁對韻，那就走上敘事的康莊大道吧。寫故事的傳統，來自於先秦的散文，歷史散文例如《左傳》和《戰國策》，有許多頗具傳奇色彩的故事，諸子散文中也有許多寓言，等於開了後世故事創作的先河。從此，人們筆下的情節就越加越多、越寫越細。

同樣是講小夥子藉買東西搭訕姑娘，詩經一句帶過，直奔主題：「氓之蚩蚩，抱布貿絲。匪來貿絲，來即我謀。」意思是：那個笑嘻嘻的小夥子抱著一匹布來換絲，其實不是來買東西，是跟姑娘談婚論嫁來的。等到了南北朝盛行的志怪小說，南朝宋劉義慶編撰的《幽明錄》之《買粉兒》，就擴充成了這樣：有一戶富人家，只生了一個兒子，對他十分寵愛。有一天這個小夥子去逛街，見一個賣胡粉的美麗姑娘，一見鍾情。為了和姑娘搭訕，他天天去買胡粉，買了就走，也不敢跟姑娘多說話。時間長了，姑娘覺得他舉動太可疑了，哪有人來天天買粉擦臉的？第二天小夥子再來，姑娘就問他：「您買這粉，用來幹

我只是一個美少女，我不賣胡粉。

嘛？」小夥子老實招供：「因為我喜歡妳，又不知道怎麼表白，只能假裝買粉，才能天天見到妳呀！」角色的背景設定、心理活動、女子賣的商品內容都很具體，故事情節也就複雜多了。

唐宋的傳奇小說，差不多就延續了這個路數。到了我們最可以借鑒的明清時期，小說角色、情節、篇幅、節奏基本已經具備了今日的形態。藉口買東西和姑娘搭話的男主人公，在蒲松齡《聊齋志異》的《阿繡》篇裡，追求的過程更為具體而折騰。說一個叫劉子固的男子看到賣雜貨的姑娘一見鍾情，便去姑娘那買扇子。姑娘讓父親出來迎接，劉子固特意壓了個低價，跑了。之後他看到女子父親走了，又回到店裡。姑娘特意說了個高價，劉子固就把所有的錢掏了出來買下扇子，第二天又來以同樣的價格買。姑娘倒是不忍心了，說昨天那個價格是瞎說的，退了他一半的錢。而後兩個人就越來越熟悉啦⋯⋯

您看，這故事是不是越寫越複雜了？然而這也正是小說的魅力所在。詩歌抒情言志，小說描摹細節，體裁不同，各有千秋。不論哪種體裁，文學作品感動讀者的，正是作者組織語言文字的功力，還有投入其間的款款深情。

參考文獻　《詩經》、《楚辭》、《幽明錄》、《聊齋志異》

王雪濤《紅袖添香夜讀圖》局部

松林六逸

國學 小講堂

一. 你現在生活在明朝，你的一個遠房親戚入宮當了宦官。你們倆關係很好，還時不時保有聯繫。一次來信中，他提到他現在在寶鈔司任職做事。請問，寶鈔司在明朝是個負責什麼工作內容的機構？

甲、印刷紙鈔　　　　乙、製作草紙

丙、負責雜戲　　　　丁、炭火分配

 正解：乙

《明史》志第五十職官三記載：「惜薪司掌所用薪炭之事；鐘鼓司掌管出朝鐘鼓，及內樂、傳奇、過錦、打稻諸雜戲；寶鈔司掌造粗細草紙；混堂司掌沐浴之事」。

因而二十四衙門裡的寶鈔司，聽起來很高大上，好像跟錢有關係，但其實只是負責製作皇帝大小便的廁紙。

考試重點記住了嗎？

二. 臨近期末，你每天泡在圖書館勤奮學習，然而每次回到寢室，你都發現你的室友對著一張明朝年間古人的頭像在進行「禱告」，你差點以為你的室友中邪了。你照著古人頭像下面的名字查了查，發現他是中國歷史上大名鼎鼎的考神，請問他是？

甲、黃觀　　　　　乙、文天祥

丙、胡旦　　　　　丁、白居易

 正解：甲

《明史·列傳第三十一》記載：「黃觀，字伯瀾，一字尚賓，貴池人。父贅許，從許姓。受學於元待制黃冔。冔死節，觀益自勵。洪武中，貢入太學。繪父母墓為圖，瞻拜輒淚下。二十四年，會試、廷試皆第一。」

黃觀被叫做「六首狀元」，當時有一句話來形容他：「三元天下有，六首世間無」。他從第一次參加考試，就從來都是第一名，從未間斷，一直到殿試第一，成為狀元，成為歷史上第一個「六首狀元」的時候，還只有二十七歲。

三. 你生活在東漢末年，是一個心懷抱負的文人，你想去拜訪當時一位很有名望的大家，為了介紹你自己，你應該怎麼做？

甲、什麼也不帶，憑口才介紹自己　　　乙、帶上名刺

丙、在門口靜靜等候，希望有人慧眼識珠　　丁、直接闖進去

 正解：乙

漢朝劉熙《釋名》認為「刺」是指書寫。

晉朝袁宏《後漢紀·桓帝紀下》記載：「滂觀時方艱難，知其志不行，乃投刺而去。」

早在古代，古人出門交際時就有名片了，稱為名刺，拜訪時通姓名用的名片，也稱為「爵裡刺」。如果要見什麼人，得先把名刺遞上去，稱為「投刺」。

四. 一覺醒來，你發現你躺在大街上，一身短袖短褲顯得格格不入。好不容
易問清時間，你知道自己現在到了明朝，正猶豫著該何去何從的時候，
一個陌生人撞了你一下，也沒說聲抱歉。你脾氣來了，罵了他幾句，下
一秒，陌生人帶著官府的人把你逮住了，並且說要按《大明律》處罰你，
你驚呆了，請問你犯了什麼罪？

甲、衣冠不整　　　　　　　乙、隨意辱罵他人

丙、站在道路正中間阻礙交通　丁、胡言亂語

 正解：乙

《大明律》和《刑律·罵詈》中記載：「凡罵人者，笞一十；互相罵
者，各笞一十。」

以下行為將觸犯大明法律：1) 罵人；2) 罵制使及本管長官；3) 佐職
統屬罵長官；4) 奴婢罵家長；5) 罵尊長；6) 罵祖父母和父母；7) 妻妾
罵夫期親尊長；8) 妻妾罵故夫父母。只要犯了這些，都會受到相應的
處罰。

五. 好不容易被釋放出來，一戶好心人家收留你，讓你養好了傷。今天天氣
不錯，你準備出門走走，剛出門就聽見村裡有人喊：「哇，有麒麟誒。」
你受到了驚嚇，立刻朝著人群聚集處奔跑，你很想見見這一上古神獸，
結果扒開人群，你看到了什麼？

甲、老虎　　　　乙、麒麟

丙、長頸鹿　　　丁、羊駝

 正解：丙

明朝人稱長頸鹿為麒麟，有以其形象繪製的《瑞應麒麟圖》存世。

西元一四一九年，鄭和帶著馬林國國王贈送的長頸鹿回到了南京。由
於長頸鹿的長相極像中國民間傳說的吉祥之物麒麟，再加上當時的中國
國民對長頸鹿知之甚少，大家一致認定，馬林國國王所贈的長頸鹿就是
麒麟。

六.你是宋朝的一名小商販,你現在想要開個賣酒水的店謀生路,請問你該
　　開的店是?

　　甲、腳店

　　乙、正店

 正解:甲

　　宋朝東京正店有釀酒權,從官府處購買酒麴釀造,腳店則無。腳店只
能從正店批發酒水來賣。

　　「正店」是宋代酒類專賣制度下,官方直屬的酒類零售商店。宋代實
行榷酒制度,管理體系是由戶部兼管酒類專賣最高機構,各州郡設監
酒務、監酒稅的專官。「都酒務」是首都之外各州郡官辦賣酒機構,縣
一級叫「酒務」,也叫「酒庫」,下設酒坊直接賣酒。以酒務為中心,
形成批零銷售網路。直屬酒務、經營正規的稱為「正店」;不隸屬於酒
務、小規模、從酒務(酒庫)批發來零售的店,叫作「腳店」、「拍店」。

七.你生活在宋朝,聽聞今日皇太子要舉行登基,你摩拳擦掌地帶好昨晚準
　　備的空包袱,結果剛一出門,就看到不少人已經背著包,向某個地方奔
　　赴。請問,這群人今日是要準備去做什麼?

　　甲、買菜　　　　　　　乙、搶紅包

　　丙、掃閣　　　　　　　丁、今天是雙十一

 正解:丙

　　宋朝葉紹翁《四朝聞見錄・憲聖擁立》記載:「先是皇太子即位於內,
則市人排舊邸以入,爭持所遺,謂之掃閣。故必先為之備。」

　　宋時皇太子即位,市民爭入舊邸,拾取剩遺之物,謂之「掃閣」,即
看見啥都可以免費拿走。

八. 你是蘇軾的一名粉絲，近日你正在研究關於東坡先生的生平與有趣的小故事，你突然發現，東坡先生竟然還是一名星座愛好者，並且熱衷於吐槽自己的星座。請問他的星座是？

甲、射手座　　　　　乙、金牛座

丙、摩羯座　　　　　丁、天蠍座

 **正解：丙**

蘇軾《東坡志林・命分》記載：「退之（即韓愈）詩雲：我生之辰，月宿直門。乃知退之磨蠍為身宮，而僕乃以磨蠍為命，平生多得謗譽，殆是同病也！」意思是：我與唐朝的韓愈都是摩羯座，同病相憐，命格不好，註定一生多謗譽。

與現代一樣，宋朝人也是用十二星座推算命格與運程。宋代流行一種相術叫「占五星」，將日月時辰與星座相結合算命。

成書於南宋的《靈寶領教濟度金書》稱：「欲課五星者，宜先識十二宮分名及所屬。寅為人馬宮（即射手座），亥為雙魚，屬木；子為寶瓶，醜為磨羯，屬土；卯為天蠍，戌為白羊，屬火；辰為天秤，酉為金牛，屬金；巳為雙女（即處女座），酉為陰陽（即雙子座），屬水；午為獅子，屬日；未為巨蟹，屬月。」

九．走在唐朝的路上，你看到了一個紋身遍佈全身的人。你不禁用異樣的眼光看著他，看著看著，你發現這個人的紋身其實都是詩句，而且好像全部來自同一個人。請問，紋身男是哪位詩人的狂熱粉絲？

甲、李白　　　　**乙、杜甫**

丙、白居易　　　　**丁、王維**

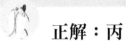 **正解：丙**

《酉陽雜俎》記載：「荊州街子葛清，勇不膚撓，自頸已下遍刺白居易舍人詩。成式常與荊客陳至呼觀之，令其自解，背上亦能暗記。反手指其劗處，至『不是此花偏愛菊』，則有一人持杯臨菊叢。又『黃夾纈林寒有葉』，則指一樹，樹上掛纈，纈窠鎖勝絕細。凡刻三十餘處，首體無完膚，陳至呼為『白舍人行詩圖』也。」

這位白居易的狂熱粉絲叫葛清，此人脖子以下紋滿了白居易的詩，還有配圖。平時閒著沒事就光著身子滿街跑，展示自己的獨特紋身，人稱「白舍人行詩圖」。看來自古以來，追星都是件很狂熱的事。

柒 中醫養生

《本草綱目》
名醫李時珍

我已經失眠五天了，感覺自己成仙了

當代社會工作和生活的節奏越來越快，很多人要面對的壓力與日俱增。身體過度疲勞，仿佛被掏空，這時若能夠倒在床上立刻入睡，實在是件再幸福不過的事了。如果不能，那便宛如一場噩夢，求生不得、求死不能。

失眠一天還好，失眠兩天身體勉強足以頂住，當連續失眠四、五天，頭痛、心慌、煩躁、四肢無力、大腦無法集中等各種症狀便會相繼出現，那種感覺簡直是不瘋魔、不成活——啊！寶寶即將成仙，誰也不要攔我！

等一下！

一名現代醫生跳了出來，舉著一顆小巧的藥，面帶微笑地道：「一顆安眠藥，從此修仙無望。你，值得擁有。」

在失眠無數天之後，所有的困倦都被一顆小小的藥片給帶走了，躺在床上，意識逐漸從身體裡抽走，飄飄欲仙的感覺讓人不由得感慨一句：「生在現代社會就是好哇！」

現代是如此，那麼古代呢？是不是在古代連續失眠好幾天，失眠者就妥妥地成仙了？

古人呵呵一笑，關於失眠症，早在秦漢時期的《黃帝內經》上就有記載，稱之為「目不瞑」、「不得臥」之症。不僅如此，《黃帝內經》還介紹了睡眠機理，分析了失眠症的病因，總結了一些臨床表現，最後，在這些理論基礎上，提出了治療方案。

具體是如何醫治呢？《素問・邪客》上記載：「補其不足，瀉其有餘，調其虛實，以通其道而去其邪，飲以半夏湯一劑，陰陽已通，其臥立至。」即是通過針灸和半夏湯一起，調節陰

陽，治療失眠症。

半夏湯的具體做法如下：「其湯方以流水千里以外者八升，揚之萬遍，取其清五升煮之，炊以葦薪火，沸置作米一升，治半夏五合，徐炊，令竭為一升半，去其滓，飲汁一小杯，日三稍益，以知為度。故其病新發者，複杯則臥，汗出則已矣。久者，三飲而已也。」連如何飲用、飲用的劑量都貼心地標示出來了。

除了半夏湯，還有很多有助於睡眠的中草藥方。明代的李時珍不知道經歷了什麼，他所著的《本草綱目》中記載了各種各樣，因不同情況而導致失眠的藥方。

針對虛煩導致失眠，可服用「歸脾湯」。取龍眼肉、酸棗仁、黃芪、白朮、茯神各一兩，木香半兩、炙甘草二錢半，切細。配齊這些中藥後，每服五錢，加薑三懲、棗一枚、水二盅煎成一盅，溫服即可。

膽熱虛勞導致的失眠，將榆葉、酸棗仁等分，加蜜搓成丸子，每天適量服用，味道酸酸甜甜，攜帶也十分方便。

膽虛引起的失眠，取一兩酸棗仁，炒出香味後搗碎，每服二錢，用竹葉湯調和。也可以在此基礎上，加入人參一兩、

辰砂半兩、乳香二錢半，也是加蜜做成藥丸服用。如果能穿越回去，真想採訪一下李時珍同學，請他說出他的故事。

除了這些要動輒熬上好幾個小時的中草藥，薰香也同樣可以起到助眠的效果。

被列為眾香之首的沉香，是供佛的重要香品之一。許多人認為，沉香是唯一能夠連通三界的香，故經常有人將沉香搓成手串、佛像等。實際上，沉香也是一味中藥，它不僅具有抗菌的效果，還可以提高人體免疫力。沉香的香味獨特且高雅，能夠調節人體內氣的運行。燃燒沉香，可以起到鎮靜神經的作用，從而緩解緊繃的神經，幫助睡眠。

明朝崇禎年間刊成的《香乘》中，記載了一個名為江南李主帳中香的香，這個香便是用沉香和鴨梨製成的，也可添加一些檀香末，其主要作用是安神助眠。

設想一下，一位失眠的古人，在經歷失眠的痛苦折磨後，躺在床上，喝下一碗酸酸甜甜的歸脾湯，薰著清甜的江南李主帳中香慢慢入睡，再做一個充滿香味的夢。這哪裡是治病呀？分明是偷得浮生半日閒，幸福到冒泡！

有好心人推薦

有名一點的老中醫嗎？

【一號選手】

扁鵲

字越人，又號盧醫。

著有《扁鵲內經》、《扁鵲外經》兩本知名醫學著作，中醫基礎診療法望聞問切的奠基人。他提出了「防患於未然」的醫學思想，且內外兼治，旁蓄並包，是一位醫學全科多面手。

競選口號：見到我第一眼時，就應該 pick 我，不要讓自己成為第二個蔡桓公。

【二號選手】

張仲景

本名張機，人稱醫聖。

著有《傷寒雜病論》、《金匱要略》等知名醫學著作，其中《傷寒雜病論》全面闡述了中醫理論與診療原則，是中國最早的理論聯繫實際的臨床專書。更收集許多古方驗方，為藥學的流傳研究做出偉大貢獻。

競選口號：你吃過我的金匱腎氣丸嗎？吃過的話，請為我投票……喔對了，它現在的名字是「六味地黃丸」。

【三號選手】

華佗

字元化，一名 。

出色的臨床診療專家，醫技超凡脫俗，全科精通，樣樣嫻熟。健身方面，他有知名的五禽戲傳世，虎鹿熊猿鳥，每日一套操，護您一生康健。醫藥方面，他發明的麻沸散一碗下去堪比孟婆湯，醒來病痛全無，且不用失憶。最重要的，他是中國醫學史上第一位外科手術專家，別人動刀要命，他動刀救人。

競選口號：沒有我不敢開的瓢，只可惜曹孟德膽小。

【四號選手】

孫思邈

後人稱為「藥王」，又號妙應真人。

著有《千金要方》、《千金翼方》等醫學著作，重視常見病的研究，以醫天下人為己任，並提出食療、藥療、養生、養性、保健結合的防病治病主張。中醫針灸的殿堂級聖手，「阿是穴」便是由其提創。

競選口號：凡大醫治病，必當安神定志，無欲無求，先發大慈惻隱之心，誓願普救含靈之苦。

【五號選手】

徐春甫

字汝元，號思鶴，又號東皋。

著有《古今醫統》、《婦科心鏡》、《醫學入門捷徑六書》等知名醫學著作，其中《古今醫統》堪稱鴻篇巨制，前人醫藥精華、治診心得，相容並包，無所不蓄。影響甚至遠播海外，為中醫的發展與推廣做出了巨大貢獻。

競選口號：我不僅是個好大夫，我還是所有好大夫的思想搬運工。

【六號選手】

薛雪

字生白，號一瓢，又號槐雲道人。

著有《濕熱條辯》一書，專病專治，另編輯《醫經原旨》、《膏丸檔子》、《傷科方》等藥書，為醫學理論事業做出極大貢獻。他本人一生潛心研究濕邪與熱邪之間的表裡關係，雖然不是一位優秀的全科醫生，但是一位極其優秀的專科醫生，事業在精，而不求多。

競選口號：你看，今年的雪這麼白，先生你卻又濕熱了，喝碗藥嗎？

【七號選手】

葉天士

本名桂，字天士，號香岩。

著有《溫熱論》一書，為溫病學說的研究發展做出巨大貢獻。醫學精神上，他提倡嚴謹精細的態度，善於從細微之處發現病人的病因，手到病除。並且他不僅自己是一位出色的醫學家，還培養了一大批人才，形成了中醫史上的重要醫學流派「葉派」，影響深遠。

競選口號：治溫熱病，我才是最強的！選我！

舉報！有個庸醫把病人
紮成了刺蝟

「李先生，我是來看拉肚子的，您怎麼讓我脫光了躺著啊？」

「喔，是這樣的，你這個病呢，屬於內外交感，寒熱不瀉，看起來像是拉肚子，其實是要死的毛病。多虧你遇上我，不然就麻煩囉。」

「是嗎？可是，我就是多吃了個壞掉的柿子啊……」

「病非一朝一夕，你看看你，印堂發黑，嘴唇發白，手腳冰涼，體虛氣弱，一看便是虛耗已久……」

「先生，我拉肚子拉了三天了，母豬都要拉虛耗了……」

「別說廢話，你治還是不治？」

「治治治，但是先生，你是不是得先告訴我要怎麼治？」

「你這個病人真是麻煩，算了，我就當找人聊聊天……首先呢，我要給你上藥薰。」

「藥薰？」

李先生沒再說話，搬來了三大桶冒著熱氣的黃湯。

「先生，這藥味是不是太嗆了。」

「這藥是剛剛煎好的，你頭抬起來點，我會把它放在你耳朵旁邊，薰蒸穴位，你自己感受一下，要是感覺不熱了就跟我說，給你換。要是出汗了，就忍著點。」

「喔，先生……這是什麼原理啊？」

「《禮記》看過沒？算了，想必沒看過。《禮記》裡說，頭有瘡則沐，身有瘍則浴，說的就是這藥薰的療法，主要就是通過熱氣打開皮膚，然後讓藥性滲透穴位，別看你現在躺在這兒我就能給你做了，放在從前，這可是皇太后得了病才能用的療法，《千金要方》裡都寫著呢！」

「這麼厲害，這個主治什麼病啊？」

「風濕、感冒、痛經。」

「那個，先生，我肚子疼……」

「萬病皆為邪！治了總沒錯！」

「行吧……」

李先生氣呼呼地走了，沒過多久，又抱著一個包袱進來。

打開包袱，裡面整整齊齊地插著一排銀針。

「先生要給我針灸了嗎？」

「這針灸呢，只是第二步，像那些市井小醫，用得最多的就是針灸和火罐，要說這也沒錯，針灸這東西，講究虛則補之，實而泄之，針刺入穴，不同的穴位、不同的力度、不同的針法都能起到不同的效果，太素九針聽過沒？《黃帝內經》裡傳下來的，可是看家的好寶貝。」

「那啥，先生，我婆娘說，拿縫衣針隨便紮紮也是一樣的。」

「婦人無知！譬如針陷脈則邪氣出，針中脈則邪氣出，針太深則邪氣反沉，皮肉筋脈，各有所處，也不怕隨便下手紮死了人！」

「先生說的是，她和我吵架，用縫衣針紮我，真的好痛啊。」

「行了行了，接下來我要給你上艾灸和火罐。」

「艾灸？」

「嗯哼，說到這個，那歷史就更久遠了，《詩經》裡有說，『彼采艾兮，一日不見，如三歲兮』，就提到了艾。說起艾葉，那可真是個好東西，溫經散寒，去濕止血，調和陰陽，扶正驅邪，主入脾、肝、腎經，就治你這拉肚子。」

「那啥，先生，我是大男人，不用溫經。」

「愚昧！誰和你說溫經的經是指癸水！是指經絡、經絡！別動！準備給你上火罐呢！」

「先生，我只是說錯了話，你為何要用火烤我？」

「這火罐又不是給你上刑，它吸上的地方都是你濕邪寒氣重的地方，可以通經活絡，行氣活血，不信一會兒我取了罐子你看看，保證吸著的地方都是紫黑紫黑的……行了，你趴一會兒，我去準備接下來的工具了。」

「那啥，先生，你這又薰又紮又烤的，到底有沒有用啊？」

「有沒有用你自己不知道？用心感覺！」

李先生又一次甩手出去了，這次回來，帶了幾把亮銀的小刀。

「先生你幹幹幹幹幹嘛！我會好好付診金的！你你你你冷靜一點！」

「我冷靜什麼？你冷靜一點！我又不會活剮了你。」

「那先生你這是……」

「放血療法聽過沒？」

「放血？不知道哦，只知道我們殺

豬，就得把豬血先放乾淨。」

「我看你真是蠢笨如豬！這放血療法，劃的地方都有講究，一般是穴位或經脈交結處，本來太素九針裡的鋒針便可用來放血，但是我看你病得不輕，只能動刀了。」

「這血我可心疼啊，放血能治什麼呀？」

「退熱，止痛，解毒，瀉火，消腫，止瀉。」

「……怎麼又瀉火又止瀉的？」

「……閉嘴。」

「嗚哇哇哇哇哇先生好痛啊！」

李先生眉頭一蹙，發現事情並不簡單，眼明手快地拿起一塊抹布，塞住了患者的嘴。

那天，他的醫堂一直到傍晚才開門放人。

「先生，多謝啊，您可真是神醫，您看，我這肚子真不拉了，雖然說您手段多了點、折騰的動作大了點，可是真有效、真有效……」

神醫拈著並不存在的鬍子，但笑不語。

又過了一會兒，病人那個會拿繡花針紮人的婆娘過來付了診金。

「要我說，還是師兄你的方法好，我用針給他治，他非說不管用，拉肚子哪有針紮一紮就能好的？就得讓他多遭點罪！」

「師妹此言差異，妳還是太過急躁，難道妳沒發現妳相公的寒瀉之征早就退了，一直沒好是因為心理作用？」

「師兄你這是說……」

「師父教你的情志療法，我看妳是都忘了，我們醫人，不僅醫身，還要醫心，妳看妳相公本來沒病，我拿熱茶給他薰薰，隨便找了幾個強身健體的穴位下了幾針，又溫了一罐補益元氣，他就真的一身輕鬆了，這是為什麼？」

「這……」

「以怒解憂，以喜勝憂，以悲勝喜，以怒勝思，以喜勝怒，以恐勝喜，莫忘莫忘。」

「讓師兄見笑了。」

「其實妳若早發現他這覺得自己拉肚子的病好不了的憂思煩亂，不由分說地按住他暴打一頓，應了那以怒勝思，可能他也就沒事了……咦，妳相公怎麼又回來了？」

「先生，我剛回家，灶上沒水，就灌了碗井水，現在又肚子痛……」

「艾灸完切不可喝冷水，你這不是找病嗎！」

參考文獻　《千金要方》、《黃帝內經》、《傷寒雜病論》、《五十二病方》

奇奇怪怪的
中草藥大集合

費丹旭《韓康賣藥》圖

百草霜

這藥其實在《西遊記》裡出現過。在《西遊記》第六十八回，朱紫國唐僧論前世，孫行者施為三折肱中。朱紫國王久病難愈，無法治理朝政，於是貼出皇榜，以半壁江山為酬謝，招攬能人異士為其治病。後來，孫悟空用烏金丹配以無根之水治好了國王的頑疾。在烏金丹中就有百草霜這一味藥。這麼神奇的藥到底是什麼呢？

百草霜 = 鍋底灰

【出處】

《本草綱目》「此乃灶額及煙爐中墨煙也。其質輕細，故謂之霜。」

【主要功效】

止血、消積、清毒散火。

不建議嘗試，
看看就好。

奇異指數：★★★★
預警指數：★★★

伏龍肝

「伏龍肝」這名字聽起來霸氣，「伏」有「使屈服」的意思，比如降龍伏虎，如果單看字面的意思，伏龍肝就是「被降服的龍的肝臟」。單聽這個酷炫的名字，就感覺這藥肯定很高級、很不一般。到底是什麼藥材，才能配上這麼屬害的名字呢？

伏龍肝 = 灶心土

【出處】

《本草綱目》「弘景曰：此灶中對釜月下黃土也。以灶有神，故號為伏龍肝，並以迂隱其名爾。」

【主要功效】

具有溫中止血，止嘔，止瀉之功效。用於虛寒失血，嘔吐，泄瀉。

不建議嘗試，
有動手能力的
可以自己挖土欣賞一下。

奇異指數：★★★★

預警指數：★★★

望月砂

　　望月砂，看到這個充滿詩意的名字，不禁讓人聯想到了許多動人的詩句：「舉頭望明月，低頭思故鄉」、「舉杯邀明月，對影成三人」、「明月幾時有？把酒問青天」，這麼充滿詩意的藥，它的真身到底是什麼呢？

 望月砂 = 兔子屎

望月砂又名明月砂、玩月砂、兔蕈。

【出處】

《本草綱目》「目中浮翳，勞瘵五疳，疳瘡痔瘻，殺蟲解毒。」

【主要功效】

去翳明目，解毒殺蟲。

不建議嘗試，既然都是排泄物了，大家都懂的。

奇異指數：★★★★★
預警指數：★★★★★

五靈脂

　　「五靈脂」這個名字聽上去充滿著靈氣和仙氣，比如靈丹妙藥、鐘靈毓秀、萬物有靈。帶有「靈」字的藥材，還有號稱能讓人長生不老的仙草——靈芝。這樣充滿靈氣和仙氣的藥材，到底是什麼樣的呢？

五靈脂 =「老鼠屎」

　　不過能成為五靈脂的「老鼠屎」，不是我們一般見到的老鼠的屎，而是鼯鼠、飛鼠的糞便。

【出處】

《本草綱目》「五台諸山甚多。其狀如小雞，四足有肉翅。夏月毛采五色，自鳴若曰：鳳凰不如我。至冬毛落如鳥雛，忍寒而號曰：得過且過。其溺恒集一處，氣甚臊惡，粒大如豆。采之有如糊者，有粘塊如糖者。」

【主要功效】

活血散瘀，炒炭止血。用於心腹淤血作痛，痛經，血瘀經閉，產後淤血腹痛；炒炭治崩漏下血；外用治跌打損傷，蛇、蟲咬傷。

不建議嘗試，既然都是排泄物了，大家都懂的。

奇異指數：★★★★
預警指數：★★★

夜明砂

　「夜明砂」這個名字，不禁讓人聯想到了美麗神秘的「夜明珠」。從神農氏的「夜礦」起，歷朝歷代的皇室就深深地著迷於夜明珠那夢幻般的光彩。據說，秦始皇的地宮就是用夜明珠來陪葬替代蠟燭來照明的。有著相似名字的「夜明砂」，到底是一味怎樣神秘的藥材呢？

 夜明砂 = 蝙蝠屎

【出處】

《本草綱目》「目瞑癢痛，明目，夜視有精光。久服令人喜樂媚好無憂。

【主要功效】

清肝明目，散瘀消積。

不建議嘗試，
既然都是排泄物了，
大家都懂的。

奇異指數：★★★★★
預警指數：★★★★★

血餘

　　聽名字感覺這個中草藥帶了點危險的意味，總讓人不由自主地想到血滴子……好凶好凶，那這個看起來這麼凶的「小藥草」，本體究竟是什麼呢？

血余 = 燒焦的人髮

【出處】

《本草綱目》「發乃血餘，故能治血病，補陰，療驚癇，去心竅之血。」

【主要功效】

止血化瘀，利尿生肌。

奇異指數：★★★★★
預警指數：★★★★★

不建議嘗試，
頭髮本來就掉得厲害，
好好對它不好嗎？

急性子

　　急性子？不要慌，不是在說大家，就是一種小草藥而已。至於它為什麼要叫這麼急個名字我也說不清楚，反正它很急了，它現在都開始催我介紹它了。

 ## 急性子 = 鳳仙花種子

【出處】

《本草綱目》「噎食不下：鳳仙花子，酒浸三宿，曬乾為末，酒丸綠豆大。每服八粒，溫酒下。不可多用。」

【主要功效】

軟堅祛瘀，症瘕痞塊，經閉，噎膈。

花還是好好欣賞吧。

奇異指數：★★★
預警指數：★★★★

古人爆料公社

韓愈吃硫磺？李清照好賭？乾隆最愛 cosplay ？超有事歷史真相大揭秘

編　　著	古人很潮
責任編輯	張之寧
內頁設計	江麗姿
封面設計	任宥騰

行銷企畫	辛政遠、楊惠潔
總編輯	姚蜀芸
副社長	黃錫鉉
總經理	吳濱伶
發行人	何飛鵬

出　　版	創意市集
發　　行	英屬蓋曼群島商家庭傳媒股份有限公司 城邦分公司

香港發行所　城邦（香港）出版集團有限公司
香港灣仔駱克道193號東超商業中心1樓
電話：(852) 25086231
傳真：(852) 25789337
E-mail：hkcite@biznetvigator.com

馬新發行所　城邦（馬新）出版集團
Cite (M) SdnBhd
41, JalanRadinAnum, Bandar Baru Sri
Petaling, 57000 Kuala Lumpur, Malaysia.
電話：(603) 90578822
傳真：(603) 90576622
E-mail：cite@cite.com.my

展售門市	台北市民生東路二段141號7樓
製版印刷	凱林彩印股份有限公司
初版 6 刷	2023年3月
I S B N	978-986-5534-32-5
定　　價	360元

若書籍外觀有破損、缺頁、裝訂錯誤等不完整現象，想要換書、退書，或您有大量購書的需求服務，都請與客服中心聯繫。

客戶服務中心
地址：10483 台北市中山區民生東路二段 141 號 B1
服務電話：（02）2500-7718、（02）2500-7719
服務時間：週一至週五 9：30～18：00
24 小時傳真專線：（02）2500-1990～3
E-mail：service@readingclub.com.tw

國家圖書館出版品預行編目（CIP）資料

古人爆料公社：韓愈吃硫磺？李清照好賭？乾隆最愛cosplay？超有事歷史真相大揭秘 / 古人很潮編著. -- 初版. -- 臺北市：創意市集出版：英屬蓋曼群島商家庭傳媒股份有限公司城邦分公司發行, 2021.04
面；　公分.

ISBN 978-986-5534-32-5(平裝)
1.中國史 2.通俗史話

610.9　　　　　　　　　　　　　　109021841